站在庄子的肩膀上

罗惠龄 著

黄山书社

图书在版编目（CIP）数据

站在庄子的肩膀上 / 罗惠龄著. -- 合肥 : 黄山书社，2019.9
ISBN 978-7-5461-8431-9

Ⅰ. ①站… Ⅱ. ①罗… Ⅲ. ①道家 ②《庄子》—通俗读物
Ⅳ. ①B223.5-49

中国版本图书馆CIP数据核字（2019）第196647号

站在庄子的肩膀上　　罗惠龄　著
ZHAN ZAI ZHUANGZI DE JIANBANG SHANG

出品人　王晓光
责任编辑　秦矿玲
装帧设计　私书房_蓝嬉文
出版发行　时代出版传媒股份有限公司（http://www.press-mart.com）
　　　　　黄山书社（http://www.hspress.cn）
地址邮编　安徽省合肥市蜀山区翡翠路1118号出版传媒广场7层 230071
印　　刷　安徽新华印刷股份有限公司
版　　次　2019年10月第1版
印　　次　2019年10月第1次印刷
开　　本　880mm × 1230mm　1/32
字　　数　180 000
印　　张　8.25
书　　号　ISBN 978-7-5461-8431-9
定　　价　36.00元

服务热线　0551-63533706
销售热线　0551-63533768
官方直营书店（https://hsss.tmall.com）

前言

经典究竟能留下什么？对我们的生命会产生什么样的影响？其意义何在？阳刚的经典能给出生命积极热切的阳光，而阴柔的经典则能够消解生命困顿伤痛的清风。以儒家经典而言，它们总是用积极的理想、正面的思维、人性的关爱和道德的美善等，勤拓立志大业，成就第一等人，营造美好人生。可人生不如意事十之八九，行于江湖、奔走人间，又岂能事事皆如己意。当义无反顾、正面积极的穷索探寻却是行有不得时，难免产生负面效应。消极的情绪不断涌现，当卜情绪与阳光初衷形成对抗，正面积极的理想将承受极大的冲击，瑰丽的愿景亦易自高峰跌落谷底，造成了生命难以承受的严重伤痛。因此，当我们在儒家舍我其谁，知其不可为而为之的理想中出现了挫败、难以消受的艰难时，便是作为道家经典挺身而出之际了。

《站在庄子的肩膀上》，便讲述了庄子经典的独特之处。庄子通过道家的智慧来面对时代的课题，消解人世间的执着、迷惑与负累，以其知其不可奈何而安之若命，来化解横肆生命的负面情绪与内心伤痛。引《庄子》注入现代生命，提升人类的精神境界，寻求内心的平和幸福，让《庄子》回归当下生活。本书便是聚焦在这样的逻辑观点上，呈显出庄子响应时代的心灵智慧。

内容设置方面，每章以一个“寓言成语”作为主题，再分成三小节，深入浅出地讲述本章的具体内容。

首先，因《庄子》原文大量引用寓言，故事性强，文学意味重，本书在经典原文铺叙前，列举了浅显易懂的小故事作为引子，来与《庄子》佶屈聱牙的长篇寓言故事相互呼应，以便于读者理解并体悟到《庄子》中所蕴含的人生哲理。

其次，因为《庄子》篇幅过长，读到后面便容易忘记前面到底在说些什么，不容易抓住要点。本书亮点，即是匠心独具地设置了“唱和呼应”的环节。因作者长期教授中国传统文化课程，深知学生在学习文言文的过程中，有感于知其然而不知其所以然的诸多痛楚，因而别出心裁地将耳熟能详的歌曲抽换其歌词，再运用谐音改编成与古文相关的歌词。这成为很受学生欢迎的传统文化教学特色，亦成就了本书的特色。本书通过“唱和呼应”，为喜爱《庄子》却不易得其要旨的同好者，提供了耳目一新的学习技巧，使读者朋友在一哼一唱的轻松学习中，熟记并把握《庄子》的精要。

最后，在第三节中将“精神主旨”和“反思讨论”作为寓言成语说解后的延伸学习，将古人智慧的核心意旨牢牢把握，并在不拘一格、没有标准答案的开放性问题的思考中自我提升，且使自我和心灵保留一份舒缓的空间，相互携手聆听并与之真诚交流对话，让这位名之你是谁与那个名之谁是你的自我，于经典的真实朗现中再度相遇相契。

本书面向大众，不设门槛，有心有志于国学经典的爱好者，欲提升传统文化阅读能力的欣赏者，意将《庄子》书中的思想智慧应用于处世的实践者，皆可因爱《庄子》而共同迈向当下人生不同且多样完美的可能性。

本书因着作者多年教授相关课程的经验积累，忠于经典的精湛论述和深入浅出的论述风格，便于读者提升学习效率，缩短精力成本，使之获得专业国学知识，拓展精神文化内涵，并结交经典知心同好。

《庄子》已经走向你了，而经典不移，经典走向你。

《庄子》已经走向你了，众弦俱寂，谁才是经典唯一的高音呢？

让我们一起领略先哲的智慧，共同感受两千多年来人类精神世界的美妙。

经典恒久远，《庄子》永流传。

唱和呼应

只期待　后来的你　能快乐
那就是　后来的我　最想的
后来的我们　依然走着
只是不再　并肩了
朝各自的人生　追寻了
无论是　后来故事　怎么了
也要让　后来人生　精彩着
后来的我们　我期待着
泪水中能看到
你真的　幸福快乐

只期待　拥抱《庄子》　能快乐
那就是　论述的我　最想的
后来的你们　依然读着
故事引导　原文对焦
朝经典的人生　追寻了
无论是　精神主旨　反思讨论
也要让　唱和呼应　精彩着
后来的我们　我期待着
爱要《庄子》才完美
你真的　幸福快乐

（改编自怪兽作曲，阿信作词，五月天演唱《后来的我们》）

目录

第一章 庄子简介

第一节

庄子其书

一、篇章简介

《庄子》一书分《内篇》《外篇》及《杂篇》，战国中晚期逐步流传、揉杂、附益，至西汉大致成型，然而当时流传的版本，今已失传。《史记》载庄子“著书十余万言”，《汉书·艺文志》著录“《庄子》五十二篇”，唯今存《庄子》一书，仅 33 篇，7 万余言，经由晋代的郭象整理删定，篇目章节与汉代已有所别。传统观点认为，《内篇》为庄子本人所著，大体可代表战国时期庄子思想的核心；而《外篇》和《杂篇》的发展纵横百余年，掺杂黄老，形成复杂的体系，判为庄子后学所作。司马迁认为庄子思想“其学无所不窥，然其要本归于老子之言”。不过，即便是被认为是后学所作的《外篇》和《杂篇》，与《内篇》思想一致，亦有其研究价值。

《内篇》	《外篇》	《杂篇》
（1~7） 《逍遥游》 《齐物论》 《养生主》 《人间世》 《德充符》 《大宗师》 《应帝王》	（8~22） 《骈拇》《马蹄》 《胠箧》《在宥》 《天地》《天道》 《天运》《刻意》 《缮性》《秋水》 《至乐》《达生》 《山木》《田子方》 《知北游》	（23~33） 《庚桑楚》《徐无鬼》 《则阳》《外物》 《寓言》《让王》 《盗跖》《说剑》 《渔父》《列御寇》 《天下》

二、快速唱诵，熟记《内篇》

传统观点认为《内篇》7 篇成文在先，为庄子本人所著，那么作为研读《庄子》的后学同好，《内篇》7 篇的篇名便没有不详知的理由了。

两只老虎，两只老虎，跑得快，跑得快；
一只没有眼睛，一只没有尾巴，真奇怪，真奇怪。

相信大家对于儿歌《两只老虎》都不陌生，那让我们就用这首歌的旋律，把《庄子·内篇》的篇名轻松地记住吧！

庄子七篇，逍遥游，齐物论，养生主；
人间世，德充符，大宗师，应帝王。

三、内七篇要点

（一）《逍遥游》

《逍遥游》是庄子著作的首篇，开宗明义点出庄子心中超越向往的哲学总纲，发挥提纲挈领的作用，展现出高远的思想境界。逍遥，也就是消解、消融的意思，化解世俗所画地自限、自筑困境的有用无用之争，而达到逍遥自适的高明进程。

传说乾隆下江南，经镇江金山寺时，见到此地的繁华盛况，便询问高僧："一天之中，究竟有多少船只往来于长江之中呢？"高僧回答："仅有两条船。"乾隆不解："怎么可能只有两条船呢？"高僧答道："一条为'名'，一条为'利'，整个长江之中来来往往的无非就是这两条船。"

试问：多少世人尽其一生，无不为一个"我"字所拘，天下熙熙，皆为利来；天下攘攘，皆为利往。众人为了各自利益繁忙奔波，苦了一生，又何曾有过真正的快活自在呢？

庄子身处战争频仍的纷乱时代，一般知识分子要么孜孜不倦地宣扬自成派别的伐异理论，要么就汲汲营营地追逐个人的利禄功名。至于大大小小的诸侯，热衷于开疆扩土而不惜大肆杀伐，更遑论为了百姓的幸福安乐而高举着保家护国的旗帜？

庄子崇尚老子之学，以"无"为其学说宗旨，强调无心、无为、无待，即游心于无所待之无有之境。简言之，即要人放下执念、泯除成见、顺应自然，打破世俗价值，入于世而超世，体会物我两忘，让心灵虚空无为而达致万物齐一之境。唯其释放消解，才能把心打开，人间天地宽广，与造化者同其逍遥，则将无入而不自得。如此一来，终能随遇而安、随处可游于自在自得的逍遥之境。

（二）《齐物论》

《齐物论》可视为庄子的方法论，为步上超越向往的逍遥，因而在思维上深刻着力，在观念中神妙而行，打通智慧的障蔽，旨在泯除对于外物以其相对性的观察方式，肯定一切人与物的独特意义与价值。去除成心，扬弃我执，透过忘言忘辩的进路，超越彼此是非黑白的对立，顺着万物天生的自然，达到“万物一齐”“道通为一”的思想境界。

简而言之，就是不执着于人非我是，相互给出尊重的空间，化解人、事、物的存在差异，平等看待迥异于彼此视角之真、善、美的价值观念，公平对待不同的信仰、地方习俗、家庭传统以及成长背景等。换言之，先跟不同微笑，包容差异，设身处地，形成共识，是对于自己释放出的最温暖的体贴与和解。

心知执着，咫尺天涯；虚静观照，天涯咫尺。这即是《齐物论》所欲消解人类对于世俗价值的盲从与执着，从而成就彼此相异相非的冲突与对立，提升至相生相融的包容与谅解。

（三）《养生主》

《养生主》，顾名思义，便是以养生为论的养生主。它体现了庄子为储备生命向往的积粮，从而在生活中做出最具体的操作把握，顺应自然，忘却情感，全生保身，安时处顺，不为外物搅扰，困滞之哀乐不能入也的哲学思维和生命旨趣。

换言之，人生绝大部分的难关，皆源于绕不开的人、事、物问题。所谓的“养生”便是要求去涵养这个“生主”，然而这个“生主”又是什么呢？“生主”就是我们的生命主体，这样的一个生命主体便是存在涵养于自身，是我固有之的“心”。所以“养生主”所揭示的关键意义，便是要守护“生主”，这样的一个“主”，就是要求由我自己的“心”来作主，时时关照心灵的冲虚，让身处红尘俗世容易逐物而不返的心灵虚静安顿。唯有在心灵放下执着的有，呈显虚空之无的当下，人们才能够以其无限单纯的心，提升并穿越复杂的有限人间，从而去观照他人，感同身受，理解包容，学习倾听。最后，便能在逍遥于道境的天地之间，驰骋于齐物的胸怀之中，保身全生并养身尽年。

（四）《人间世》

《人间世》讲述人际关系的错综纷扰，揭露社会的纠葛险恶，提出如何应世及自处之道，强调人的定位不必然于社会活动中穷索苦寻，现实世界的淑世理想亦是划地自限。人间多灾多患难，必须透过虚而待物的心斋护持，始能具体表现出知其不可奈何而安之若命的应世智慧。

庄子所谓的“人间世”，即是对于人间生命的理想向往。身为一个栖身在当下人间的社会存在，即便是投身在无用的社会，即使是身处在劫难逃的困顿，靠着自我修行的把握，让生命重获平静真朴，还是能够渡过难关，使内在心灵层次翻升至精神自由的境界。如此一来，无用之用存全了有用之用，穿越了人间江湖的种种复杂，生命出路得到了把握，使其无用之用朗现于人间社会。

此身不得已，人间无所逃，所以必须乘物以游心，托不得已以养中，顺着事物自然而然地悠游自适，托不得已而涵泳蓄养心中的精气。换言之，一个人只身在人间世中有着太多的无可奈何和情非得已，每个人都用自以为是的标准去苛求对方，弄得自己和他人都精疲力尽，苦痛不堪，却又无法让这些纷扰纠结停格不动。既已是入世之人，逃无所逃地必须与人息息相关，然而在面对无道的人间世、自我的有限性，又岂能驾驭充斥于人间复杂的存在困局呢？因此庄子才要我们乘物以游心，放下物欲束缚，抛开执念桎梏，突破情意牵引，始能游出心灵价值的蓝天白云。

吾生也有涯，而知也无涯。抛开心知负累的有限性，引领完满心灵的无限性。面对现实的人间情境，吾心即宇宙，宇宙即吾心。物物皆尽于己，好好地养心护心，朗现心的灵动境界，涵护主体生命的冲虚，拥抱彼我真善的美好，共同在诡谲多变的人间世中，游向安顿生命的心灵故乡。

（五）《德充符》

“充”是充实，“符”是证验，体现在“德”的状态便是“忘形”与“忘情”。强调最高境界的人物在其外在形象上的隐匿以及内心境域自然流露的精神力道。借由貌丑形残之人，作为顺应自然，保持和谐，德能充实于内，形能充实于外，从而使内外相符，德形互映的充实验证。

庄子举了几个外貌奇丑及形体残缺不全，但内在精神却是健全的人物范例来作说明。当一个人的内在德行充实饱满，所有与之接触的他者，都能够因为在此人身上领悟出一种纯粹真实和祥和喜悦的感受，并因其德馨而忘却世俗既定僵化的人为标准。形有所忘，德有所长，重德而贱形，德全而形忘，忘却人为价值的形躯变化，内在道德境界才能得以滋长提升。

消解知识概念的执着，不逐价值外缘的华丽，回归符应万象的自然天真，即是《德充符》中所谓的“德充于内而符应于外”的契合境界。

（六）《大宗师》

“大”是大道，“宗”即是宗主，“师”为老师。大宗师即是以大道为老师，借由大宗师来体悟天道的人格修行。

其观念汇整的操作与功夫进程的把握，皆是集结庄子处世观念于一身的核心哲学，可视为庄子学说的本体论。“道”是天地万物之宗，亦是万众之师，是气魄恢弘的彻底彰显。其“堕肢体，黜聪明，离形去知，同于大通”，托出真人如何能体会大道，何以能不悦生恶死，在人间道中无拘无束地自如往返。既是论道，又是修道，如此天人合一的超越自然、消解生死的道境人生，安之若素的人生态度，相忘江湖的生活境界，才是《大宗师》的终极价值。

真人即是大宗师，而什么是真人呢？就是去心知（祸福、成败、得失）之执，勘情识（喜、怒、哀、乐）之茫，破死生之苦，以其真实生命之尊，悟人格修养之大。视天为宗为师，从人道再天道，如此一来在天人合一的向往中，成就生命人格的伟大，契合终极境界的天道。

（七）《应帝王》

无为而治，无心而任乎自化者，应为帝王也。《应帝王》主要阐述帝王如何治理天下的问题，由此可看出庄子的政治理想：为政当无为去知，听任自然，顺乎民情，行不言之教，皆是庄子思想“内圣外王”的具体表现。

如何治国平天下，将人民百姓安顿妥当呢？庄子除了强调君主的作为必须因循事物的自然本性及其发展趋势之外，还强调要做到不夹杂君主个人的私心和成见。那就是要和天下人在一起，顺应天下的百姓，随时都能将自己放下，应物无心。如此一来，方能成就人间最自由的帝王。

四、风格特色

结构奇特、思想连贯、文辞富丽、声调和谐、丰富寓言、善用比喻、语汇精当、形象具体、浪漫瑰丽、大胆想象、精妙描述、辛辣幽默、讽刺犀利、汪洋恣肆、雄浑飞越、变化创造……皆是《庄子》作品中展现出的语言特色，为先秦诸子文章之典范佳作。

“汪洋辟阖，仪态万方，晚周诸子之作，莫能先也。”这是鲁迅在《汉文学史纲要》中对庄子的评价。历代文士如阮籍、嵇康、陶渊明、刘勰、李白、韩愈、柳宗元、苏轼、曹雪芹等，其文人思想的精神底蕴与崇尚自然逍遥的人生观念，不乏对《庄子》文字与思想的援用，可见其生命态度影响之深远。

透过玄悟的方式于孤独中去感触，而这样“独与天地精神往来”的感受充斥着浪漫的美感，因而开启了浪漫主义文学的先河。《史记·老子韩非列传》称庄子“著书十余万言，大抵率寓言也”。由此可知庄子思想的特点是以寓言的形式来表现人生哲学的态度。读其《庄子》一书，能让你区分内在独一的心灵境界与外在众多的纷乱世界。经由重内轻外，安内处外，进而有内无外，不变应万变，安变而知变，而达致外化而内不化的真正逍遥。

第二节

庄子其人

一、逆境省思

庄子所处的战国中期，诸侯国君大肆辟地充库，良臣识士助纣为虐，野心政客变相攘夺政权，混乱时局的倾轧争斗带来杀人盈野的战争摧毁。庄子就是生在这么一个率兽食人、率土地食人肉的混乱污浊的世道里。惊涛骇世，正道不彰，邪道猖狂，时空次序颠倒错乱，价值观念扭曲变形。天下共苦，战斗不休，是以与所如者不合的庄子，深感动乱剥夺人之为人的自主性，满目皆是无可奈何的残忍现实。于是如何在动乱中安其自我地全身保身，获得安适心境的精神自由，而以其个人的人生体验去反思一个人的价值观和生存问题。

二、变革时代

战国（前 475—前 221），周天子威信扫地，韩、赵、魏三家分晋直至秦始皇统一中国，是中国历史上最为剧烈的变革时期。期间战争频仍，烽火连绵，处处“争地以战，杀人盈野；争城以战，杀人盈城”之残酷乱象。战争成为诸侯行兼并利益、争权夺霸的主要目标和手段。各国诸侯为厚植势力，大都积极进行政治、军事、经济制度的改革，因而亟需大量人才。于是宗族出身和政经地位的籓篱突破了，传统思想和文化观念的禁锢放开了，大批傲才之士因此跃上了政治舞台。如高居相位的改革先锋李悝、商鞅、吴起、申不害等，南征北战的杰出将领乐毅、白起、王翦等，凭三寸不烂之舌谋求富贵的游说之士张仪、苏秦等。此外，在思想领域中更涌现了大批知识分子，他们著书立说，广聚徒众，立家成派，争相宣传自己的思想和主张，开创了中国思想文化史上最为活跃之“百家争鸣”的局势。这不仅促进了思想的解放和文化的繁荣，更造就了庄周、墨翟、孟轲、荀卿、惠施、公孙龙等璀璨夺目的思想家。

三、认识庄子

庄子（约前369—前286），蒙人也，名周，尝为蒙漆园吏，与梁惠王、齐宣王同时。战国中期著名的思想家、哲学家和文学家。《史记·老子韩非列传第三》中记载：“其学无所不窥，然其要归本于老子之言，故其著书十余万言，大抵率寓言也。”

他是道家学派的代表人物，老子思想的继承和发展者，与老子并称为“老庄”。他与孟子处于同一时代，但庄子继承发扬了老子学说，为道家代表，与继承发扬孔子学说为儒家代表的孟子是“道不同不相为谋”。即便高手过招，唇枪舌战，怕也将是一场虽打亦不相识的枉然啊！

中年以后，庄子穷居陋巷，以织草鞋维生，虽贫无立锥之地，却丝毫不为所苦。其后楚威王欲以高官厚禄网罗人才，仍被穷不失志、不愿为五斗米折腰的庄子断然拒绝。

庄子博览群书，深谙人情世故，学多识广，思维开阔，自然达到心灵旷达的超拔之境。据传庄子曾隐居南华山，故唐玄宗天宝初年，诏封庄周为“南华真人”，称其所著之书《庄子》为“南华经”。该书在《四库全书》中属子部道家类别。清初著名文学家金圣叹称《庄子》为“天下第一才子书”。

四、庄子二三事之涸辙鲋鱼

庄周家贫，故往贷粟于监河侯。监河侯曰：“诺。我将得邑金，将贷子三百金，可乎？”庄周忿然作色曰：“周昨来，有中道而呼者。周顾视车辙中，有鲋鱼焉。周问之曰：‘鲋鱼来！子何为者邪？’对曰：‘我，东海之波臣也。君岂有斗升之水而活我哉？’周曰：‘诺。我且南游吴、越之王，激西江之水而迎子，可乎？’鲋鱼忿然作色曰：‘吾失我常与，我无所处。吾得斗升之水然活耳，君乃言此，曾不如早索我于枯鱼之肆！’”　（《外物》）

庄子家境贫穷，于是向监河侯借米，以化解当下之危。监河侯道：“好哇，等我收齐了封邑之地百姓的租金，再借三百金给你，好吗？”庄子一听，心里很不是滋味，生气地回答说：“我昨天来的时候，听见有人在呼唤我。回头一看，发现车轮碾过的地方，有一条鲫鱼在那里呻吟。我便问它：‘你这是怎么啦？为何出现在这呢？’鲫鱼答说：‘我是东海龙王的臣子。你能不能给我少许水来救活我呢？’我说：‘好的，没问题！待我到南方游说吴越的国君，便能激引西江之水来给你，如何？’鲫鱼听后脸色大变，说：‘我因为离开了水，失去了安身立命之处。眼下仅需少许水便得以存活。听了你这样见死不救的一番话语，倒还不如早点到干鱼零售市场去看我呢！’”

天下大乱，战火频仍，生灵涂炭，哀鸿遍野，庄子虽处穷途末路之境，却不失清高孤傲的性情，因此对监河侯的无理态度予以辛辣的讽刺。庄子借粮，监河侯非但不予救济，反而以其将得封邑百姓之租金自满骄人，并以“将贷子三百金”戏弄庄子。由此可见，在那个昏君迭出、乱象频仍的时代里，小人得志的世道中，清廉智士要持守穷不失志之节，是多么艰难和无可奈何。

庄子无畏困窘及不被现实所屈的气节，跨越了一切不可为而为之的障蔽，使个人的精神从被时空牢笼所设限的“此在”中得以潇洒地游离出来，获得物我之间的自由与解脱。

五、庄子二三事之曳尾涂中

庄子钓于濮水。楚王使大夫二人往先焉，曰：“愿以境内累矣！”庄子持竿不顾，曰：“吾闻楚有神龟，死已三千岁矣。王以巾笥而藏之庙堂之上。此龟者，宁其死为留骨而贵乎？宁其生而曳尾于涂中乎？”二大夫曰：“宁生而曳尾涂中。”庄子曰：“往矣！吾将曳尾于涂中。”　　　　　　　　《秋水》）

庄子在濮水边钓鱼，楚威王派两位大夫前去表达久仰贤德的心意，并说道：“希望庄子能到楚国担任要职，治民理政。”庄子握着鱼竿，头也不回地说道：“我听说楚国有一只神龟，已经死了三千多年了，君王用锦缎将它盛放在竹匣中，珍藏在庙堂之上。你们认为，这只神龟是宁愿死去留下骨骸以显示尊贵，还是宁愿活在烂泥里摇头摆尾呢？”两位大夫说：“当然是宁愿活在烂泥里摇头摆尾。”庄子说：“既然如此，你们还是回去吧！我倒宁可像神龟一样在烂泥里摇头摆尾呢。”

不为世俗所羁，不被名利所动，不让高官厚禄束缚自我。此文通过对庄子动作、神态及语言的描摹，刻画庄子向往自由、超然物外的思想境界，不屑与统治者同流合污的高尚形象，精神生命自能流露出一种自由自足的充盈底蕴。

《史记·老子韩非列传第三》也有类似的记载：

楚威王闻庄周贤，使使厚币迎之，许以为相。庄周笑谓楚使者曰：“千金，重利；卿相，尊位也。子独不见郊祭之牺牛乎？养食之数岁，衣以文绣，以入大庙。当是之时，虽欲为孤豚，岂可得乎？子亟去，无污我！我宁游戏污渎之中自快，无为有国者所羁，终身不仕，以快吾志焉。”

楚威王多次听闻众人赞誉庄子博古通今，是当世经天纬地的旷世奇才，于是派了两位使者，带着昂贵的礼物，欲聘他担任楚国的宰相。庄子不禁哂笑地对楚国使者说道：“千金万两的确是十分昂贵的聘礼，尊贵宰相更是位高权重。你们难道没有看见祭祀天地时供神所用的肥牛吗？杀了多年养肥的牛，给它披上锦绣，抬到大庙里。就在此刻的当下，即使这头牛希冀成为一头孤单的小猪，又岂能如愿呢？你们快走，别在这里玷污了我！我宁可嬉戏在泥巴堆里，一辈子不当官，免于高官厚禄的羁绊，以图个逍遥自在。”

“千金，重利”“卿相，尊位”，多少人梦寐以求，终生为此汲汲营营，又有多少人为此出卖人格，蒙蔽灵魂，甚至铤而走险，不惜付出性命的代价。

深谙因果关系的庄子认为人生于世，犹如“游于羿之彀中”，伴君如伴虎，处处充斥危机。因此，为能无为有国者所羁，即便箪瓢屡空，穷居陋巷，仍甘于贫贱，追求自由而不愿做官，从而快意其志而尽逍遥。

六、庄子履历

前369年：庄周生于蒙邑，1岁。魏人杨朱，27岁。宋人惠施，12岁。魏人公孙衍，7岁。邹人孟轲，4岁。

前 365 年：5 岁。魏惠侯伐宋。

前 353 年：17 岁。齐威王僭称“王”。

前 349 年：21 岁。孟轲 24 岁。庄周娶妻钟离氏。

前 348 年：22 岁。长子出生，名庄遍。

前 347 年：23 岁。任漆园吏。

前 343 年：27 岁。惠施 38 岁，前往魏国。

前 340 年：30 岁。蔺且（庄子弟子）生于蒙邑东门。惠施出任卫相。

前 339 年：31 岁。次子庄咸出生。

前 337 年：33 岁。辞去漆园吏约在此后。

前 335 年：35 岁。魏惠王僭称“王”。庄子赴魏见魏惠王、惠施。

前 332 年：38 岁。晋见楚威王。

前 331 年：39 岁。庄周辞楚相不受。

前 325 年：45 岁。秦惠王僭称“王”。庄子贬斥“宋王”“秦王”。

前 323 年：47 岁。五国相王。庄子拜见魏惠王，魏惠王放弃伐齐。《史记·鲁世家》载：“是时六国皆称王。”

前 322 年：48 岁。惠施罢相返宋。

前 319 年：51 岁。魏惠王卒，魏襄王立。惠施离宋返魏，图谋复相失败。

前 300 年：70 岁。惠施卒于宋。

前 286 年：84 岁。卒于宋国蒙邑，临终反对弟子对其厚葬。

遗著《内篇》7 篇，13000 余言。

七、唱和呼应

火车快飞，火车快飞，
穿过高山，飞过小溪，
不知跑过几百里，
搭到家里，搭到家里，
妈妈看见真欢喜。

战国庄子，名周蒙人，
穷居陋巷，织草鞋维生。
涸辙鲋鱼，持穷不失志；
千金，重利；卿相，尊位。
宁快意其志而尽逍遥。

（改编自儿歌《火车快飞》）

第三节

庄子与惠施

一、运斤成风

庄子送葬，过惠子之墓，顾谓从者曰：“郢人垩慢其鼻端，若蝇翼，使匠石斫之。匠石运斤成风，听而斫之，尽垩而鼻不伤，郢人立不失容。宋元君闻之，召匠石曰：‘尝试为寡人为之。’匠石曰：‘臣则尝能斫之。虽然，臣之质死久矣。’自夫子之死也，吾无以为质矣！吾无与言之矣。”（《徐无鬼》）

惠子和庄子是朋友，也是辩论对手。两个人经常为了相异观点而互有争论。惠子死后，庄子前去送葬，回头对随从说：“楚国郢都有个人捣石灰时将一滴泥灰飞溅到了鼻尖上，这滴泥灰就像苍蝇翅膀一样薄。捣石灰的人请匠人替他削掉。匠人挥动着斧头，挥得呼呼作响，若无其事地随手劈了下去，把那滴泥灰完全削去，但鼻子却没有丝毫损伤，捣石灰的人站在那里，面不改色。宋元君听说了这件事，就把匠人找来，说：‘你能不能示范这个技能让我观看？’匠人说：‘过去的我的确可以这么削，但现在已经不能了。因为能站着让我用斧头劈去泥灰的这个人已经去世了。’自从惠子去世了，我就没有了对手，少了辩论的对象，失去说话的人，更无推心置腹谈论的契友了。”

庄周、惠施两人道不同，却互为知音契友。韩愈《马说》中说：“世有伯乐，然后有千里马。千里马常有，而伯乐不常有。”有了揭石灰的如伯乐般的慧眼，千里马般的匠人才能尽其所长，运斤成风。一如伯牙善于弹琴，钟子期善于欣赏。伯牙弹琴之际，想着高山峻岭，一旁聆听的钟子期便说：“你的琴声好似巍峨的高山！”伯牙想到流水，钟子期接着就说：“你的琴声仿佛奔腾恣意的江河!”伯牙只要想到什么，钟子期都能从琴声中领会把握并回应伯牙所思所想。后来钟子期去世，伯牙认为世上再无知音，于是将自己最心爱的琴摔碎，终生不再弹琴。

以庄子傲冠群伦，又独与天地精神往来的人，能获旗鼓相当的挚友实属不易。

惠子是庄子的老朋友，擅长辩论，锋芒犀利。他们经常唇枪舌剑，互不相让；但探讨有用无用的哲学命题时，切磋琢磨，惺惺相惜。寓言中流露出尽是相知相惜的真挚友谊，生前喜较高下的创意与智趣，徒留下一方逝去后另一方形单影只的孤独和悲凉。

二、惠子相梁

惠子相梁，庄子往见之。或谓惠子曰：“庄子来，欲代子相。”

于是惠子恐，搜于国中三日三夜。庄子往见之，曰："南方有鸟，其名为鹓鶵，子知之乎？夫鹓鶵，发于南海而飞于北海，非梧桐不止，非练实不食，非醴泉不饮。于是鸱得腐鼠，鹓鶵过之，仰而视之曰：'吓！'今子欲以子之梁国而吓我邪？"（《秋水》）

惠施在魏国为相，庄子前去拜访他。有人对惠子说："庄子这次前来，是想代替您做宰相。"于是惠子很害怕，在都城中花了整整三天三夜的时间去搜捕庄子。庄子前去见惠子，对他说道："南方有一种鸟，叫作鹓鶵，你有听说过吗？这种鸟从南海出发，而飞往北海，如果不是梧桐树是不肯在上面栖息的，不是竹子的果实是不会吃的，不是甘美的泉水更是不会喝的。于此之时，有只猫头鹰得到了一只腐烂的老鼠，眼见鹓鶵飞过，连忙抬起头，面露惊恐地看着鹓鶵。现在你也想用你的魏国相位来吓唬我吗？"

庄子依旧巧妙地采用了寓言的形式，以语不惊人死不休的辛辣讽刺作比喻。鹓鶵比喻庄子为志向高洁之士，鄙视功名、淡泊名利、超然物外；鸱比喻惠子为极力追求功名利禄的人，名欲熏心、无端猜忌、心胸狭窄。特别是将鸱吓鹓鶵的情景刻画得惟妙惟肖，投射出惠子因担心失去相国之位，而在未彻底了解他人的真实意图及事情的真相之前就表现多疑猜忌的偏狭丑态。

此与《齐物论》的意旨相当。切勿以人事蠹伤天然，误用造作戕害性命，勿将有限的名利权势所得之障蔽，反将自我困入了无穷无尽的深渊之中。

三、思想差异

惠施	庄周
名家	道家
客观认知	主观感受
理性	感性
力辩求真	巧辩尚美
实事求是的纯粹思辨	移情作用的心灵感应
重视知识探讨，逻辑家的个性	不假文字推理，艺术家的特色
区分名实	物是齐等
不同种族，相异个体，无法相知	得鱼忘筌，得意忘言， 得道忘知之物我合一
蔽于知	得其道

司马谈在《论六家要旨》中说：

名家苛察缴绕，使人不得反其意，专决于名而失人情，故曰“使人俭而善失真”。若夫控名责实，参伍不失，此不可不察也。

惠施是名家代表。名家过分严格，有繁琐重复的概念名称，又不让人持反驳意见，专注于概念名称而失去了一般常理，使人感知不到事物真实的一面。所以说“它会使人受约束而丧失了真实性”。至于循名责实，要求根据名分和实际进行比较，以至不会造成错失遗漏，这种主张亦要认真考察。

理性思考，好辩、重分析，对于事物有追根究底的认知态度，重在知识的探讨，是逻辑家的个性。

就事论事，觉得不同种族不能相知。如在“濠梁之辩”（《秋水》）中，惠施认为鱼和人非同类，无法相互感知彼此的感觉，人无法感知鱼是否快乐，同样也不会将自己的快乐移转到外物之中。他持此观点来质疑庄子，层层逼问他如何能知。

整个论辩的过程中，惠子始终保持理性，有条有理地推论出这样一个结论：不同种族，相异个体，是绝对无法相互了解的。由于这种确定性，并非感觉经验所能提供，归于纯粹思考，而否定感觉经验，因此鱼乐的境界没有逍遥，不再自在，直视事实原状的态度，汲汲索问如何知鱼乐的问题，结果反倒被其“知”所蒙蔽了。

庄子是道家代表。道家思想认为从“道”的立场来看，人和他物皆是齐等的。因此庄子会说他能感知鱼的快乐。惠子的观点是，人只能自知，不能他知；而庄子的观点则是，人既可自知，又能感知其他事物。惠子着重知识论的判断，庄子偏于美学上的观赏。迥异的认知态度，是由于他们性格上的相异：庄子具有艺术家的气质，惠子则带有逻辑家的个性。

庄子重视同，认为人与物可以相通，对于外界的认识带有欣赏的态度，将主观的情意转移到外物上，而产生移情感知的作用，具有艺术家的风貌。一巧辩，一尚美，一超然，求的是一种当下的活泼自在，不假文字推理的真知，因此庄子能于观鱼之中得知鱼之乐处。

荃者所以在鱼，得鱼而忘荃；蹄者所以在兔，得兔而忘蹄；言者所以在意，得意而忘言。吾安得夫忘言之人而与之言哉！

（《外物》）

捕到了鱼，就忘记渔网；捉到了兔子，就丢弃捕兽的器具。这句话的意思是，一旦领略了语言文字所要表达的意境要旨，便能抛掉语言文字所带来的制约，无所挂碍，逍遥自在。

人的生命自有其无限的可能性，因此对于一切的可能性必须予以尊重。荃是捕鱼的工具，蹄是捕兔的工具，得鱼忘荃，得意忘言，事成之后，就该忘却借力使力的手段。这就好像言语是表达意义的，意义沟通交流完成后，就该将言语忘在一边，成就得道忘知的功夫。“哲学，是想用有限度的语言，去表达无限度的宇宙。”正是庄子对于自由与认知的坚持，其最终目的就在于消解人为的桎梏。思维的自由，也只有在人的精神获得解放之后，才能得到真正的保障。唯其如此，人的意志才能优游自在地翱翔于认知的天空，达于得道忘知之物我合一的境界。

四、唱和呼应

我为你留着一盏灯	匠石运斤成风为知音
让你心境永远不会近黄昏	惠子相梁讽刺功名猜忌丑态
我心中不会有黄昏	区分名实纯逻辑思辨
有你在永远像初春的清晨	物是齐等移情感知当下活泼自在
云很淡　云很淡	一力辩，一求真
风很清　风很清	一巧辩，一超然
任星辰　任星辰	蔽于知，得其道
浮浮　沉沉	惠施，庄周

（改编自钱雷作曲，那英、王菲作词、演唱《岁月》）

第二章

樗栎之材

第一节

周将处材与不材之间

故事引导　材与不材与无用之用

庄子行于山中，见大木枝叶盛茂，伐木者止其旁而不取也。问其故，曰：“无所可用。”庄子曰：“此木以不材得终其天年。”夫子出于山，舍于故人之家。故人喜，命竖子杀雁而烹之。竖子请曰：“其一能鸣，其一不能鸣，请奚杀？”主人曰：“杀不能鸣者。”明日，弟子问于庄子曰：“昨日山中之木，以不材得终其天年；今主人之雁，以不材死。先生将何处？”庄子笑曰：“周将处夫材与不材之间 。材与不材之间，似之而非也，故未免乎累。若夫乘道德而浮游则不然，无誉无訾，一龙一蛇，与时俱化，而无肯专为。一上一下，以和为量，浮游乎万物之祖。物物而不物于物，则胡可得而累邪！此神农、黄帝之法则也。若夫万物之情，人伦之传，则不然。合则离，成则毁，廉则挫，尊则议，有为则亏，贤则谋，不肖则欺。胡可得而必乎哉！悲夫，弟子志之，其唯道德之乡乎！”

（《山木》）

庄子在山中行走，见一棵树长得非常高大，枝叶十分茂盛，伐木的人停留在树旁却不动手砍伐。询问他们原因为何，他们答道：“这棵树并没有什么砍伐价值可言。”庄子说：“这棵树正是因为不具成材的要件，反倒能够终享天年啊！”庄子离开山后，留宿在朋友家中。朋友因为开心，命童仆杀鹅款待他。童仆请示道：“一只鹅会叫，一只鹅不会叫，请问杀哪只宴客？”主人答道：“杀那只不会叫的。”隔天，弟子问庄子：“昨日看见山中的大树，因为不成材而得以终享天年，可如今主人的鹅，却又因为不成材而被杀掉。依老师之见，您将在成材与不成材这两者间处于哪一边呢？”庄子笑答：“我将处于成材与不成材之间。处于成材与不成材之间，好像合于大道，却并非真正与大道契合，左右摇荡，这样并不能免于拘束与劳累。假如能顺应自然而自由自在地优游其中也就不是这样了。没有赞誉，不加诋毁；时而像龙一样腾飞，又时而像蛇一样蛰伏；跟随时间的推移与之变化，不偏执于某一方面；时而进取，时而退缩，一切以顺势作为度量，优游自得地生活在万物的初始状态。役使外物，却不被外物所役使，如此一来，又怎么会受到外物的拘束和劳累呢？这就是神农、黄帝的处世原则。至于那万物自然的实理，人事变化的过程就不是这样了。有聚合也就有离散，有成功便有毁败，棱角锐利就会遭受挫折，尊显就会受到倾覆，有为就会受到亏损，贤能就会受到谋算，而无能也会受到欺侮，又岂能去偏执于某一方面而断加依恃呢！唉！弟子们记住了，处世若要免于物累，只能是在道德的境界中逍遥啊！”

为什么庄子要学生们记住“其唯道德之乡乎”？而庄子所说的“道德之乡”又是什么呢？道家所谓的“道”，指的是天道运行；所谓的“德”，指的是天真本善。天生万物，天道蕴含于万物，万物与生俱来天真本善，所以人才能够回归天道本德而与天地共生同在，也因此才能够“乘道德而浮游”。

电影《无问西东》中，清华学子吴岭澜和老师梅贻琦之间的师生对话令人印象深刻。

师：读书为何？

生：只知读书是对的。

师又问：你英文、国文都是满分，物理却不及格，为何弃文科而选理科？

生：只觉得理科更有用些。

师再问：什么是真实？你看到什么、听到什么、做什么、和谁在一起，有一种从心灵深处满溢出来的不懊悔，也不羞耻的平和与喜悦，那便是真实。

老师梅贻琦循循善诱、意味深长的谈话，以及泰戈尔访华的内心触动，让身处迷雾之中的吴岭澜开始认真地审视自我，思索生命的意义。面对真实的巨大力量，让他顿悟了自己想要的是什么，完成了弃理从文的抉择后，终于抛开长期桎梏心灵的枷锁，获得忠于内心真实的人生方向。

《无问西东》，这个“无问”很有意思，顾名思义就是要你不要瞎问，不要人云亦云，不要盲目追随流行，而是要你停下来，去观照、去思索、去面对、去找寻最真切的自己。尽管聆听自己内在的声音，面对心底最真实的想法，始终不要忘了忠于自己的目标，从而活出属于自己的无悔人生。

身处在无边界之变幻莫测的世界中，如何因应世局，找到自我安身立命的存在价值，“周将处夫材与不材之间”确实是一个大议题、一种大智慧。什么是有用？什么又是无用？不同个体，相异的家庭、性格、才情、好恶、机遇、时代等，要做出理智的判断、精确的衡量，的确是两难的人生课题。即使当下看似的“热门”光景，倘若心中并无真切涌动的热爱，一味地盲目追逐，不知所以然而然地孜孜矻矻，终究会在万念俱灰的颓败中丧失了热情；反观即便是大家闻之色变，不屑与之同列的“冷门”，但只要心中持续澎湃，付诸行动，不气馁地去坚守，深信哪怕再严峻的失落考验，还是能够拥有真实美好的叩门机会。

“无”掉了有心、有知、有执，“无”掉了有用、有为、有欲，无垠无际，无限宽阔，无入而不自得，不管到哪里都没有不自在快乐的地方，那样的处境，如此的智慧，便是庄子所谓的“其唯道德之乡乎！”

只有真真实实地做自己，才能活活泼泼地自信自在。发觉自己的存在意义，找到自我的生命价值。

第二节

无何有之乡的自在逍遥

原文对焦

惠子谓庄子曰："吾有大树，人谓之樗①。其大本拥肿②而不中③绳墨，其小枝卷曲而不中规矩。立之涂，匠者不顾。今子之言大而无用，众所同去也。"庄子曰："子独④不见狸狌⑤乎？卑身而伏，以候敖⑥者；东西跳梁⑦，不辟⑧高下；中于机辟⑨，死于罔罟。今夫斄牛，其大若垂天之云。此能为大矣，而不能执鼠。今子有大树，患其无用，何不树之于无何有之乡，广莫之野，彷徨⑩乎无为其侧，逍遥乎寝卧其下。不夭斤斧，物无害者，无所可用，安所困苦哉！"

（《逍遥游》）

注释：①樗（chū）：落叶乔木，皮粗而质劣，俗称"臭椿树"。 ②拥肿：肥短而不正。拥，同"臃"。 ③中：适合。 ④独：难道，岂。 ⑤狸狌：野猫和黄鼠狼。 ⑥敖：闲游。 ⑦跳梁：跳跃。 ⑧辟：同"避"。 ⑨机辟：一种捕捉鸟兽的机关。 ⑩彷徨：随意徘徊，逍遥自得。

惠子对庄子说："我有一棵大树，人家都叫它臭椿树。它的树干因为臃肿而无法以绳墨取直，树枝因为弯曲而不合规矩。它长在路边，木匠连看都懒得看一眼。现在你说什么大而无用，大家都不会理睬你而纷纷离弃啊！"

庄子说："你难道没见过野猫和黄鼠狼吗？它们卑伏蜷缩着身子，伺机捕捉经过的小动物；东跳西跃，灵活自在，不避高低，却往往踏中了机关，死于网罗陷阱之中。再看看那犛牛，庞大的身躯就好像垂挂在天边的彩云一样，虽然体型硕大，却连捕捉一只老鼠的能力也没有。现在你有这么一棵大树，居然还愁它毫无用处，为何不把它种在空旷无人的乡间、广阔无边的原野，惬意无忧地在树旁徘徊，优游自得地在树下躺卧。它既不受斧头砍伐，也没有东西来毁害它，都说是无所可用了，又有什么好劳神操心的呢！"

本文点出世俗之人都受困于有用无用的刻板思考，反而无法见到全然生命的真实样貌，彰显生命最适切的"大用"。所谓的"樗栎之材"，后人便用来讽喻无用及不才的人。

惠施以为樗树大而无用。庄子则认为樗树的有用之处就在它的无用。因为无用，从不受人关照青睐，自然不会遭人排挤，免于砍伐的灾难，岂不活得真切自在？庄子还以"狸狌"和"犛牛"为例，说明无论大小之物，均有其功能及限制，端视是否适得其所，运用得当。所谓"有用"，也许仅是自我一厢情愿认知的"小用"。而抛开僵化的我执，这样的无所可用，反倒能够颐养天年，逍遥快活。

如此观之，无用之用，方为大用。

反思讨论

狸狌：小而灵巧，陷于罔罟。

斄牛：大而多能，不能执鼠。

樗栎：大而无用，快意逍遥。

天生我材必有用。

无用之用是为大用。

没有用不到的经验。

野猫和黄鼠狼灵巧轻盈，聪明善变，行走江湖看似游刃有余，可一山终比一山高，还是躲不过它们善于应对的天罗地网。而斄牛，看上去高大威猛，无所不能，却连捕获一只小老鼠的能耐也没有。反观我们认为大而无用的樗栎，表面无用，却可颐养天年，让人处在无何有之乡的自在天地中，逍遥乎寝卧其下。

由上观之，“天生我材必有用”，每个人都有他存在的价值和特殊性，就看你怎么取用，如何运用。世人认为的有用，如果换个角度看，也可能变成无用；同理，表面看似全然的无用，再换个角度看，或许能够成为意想不到的大用。“无用之用是为大用”，所以看来有用无用、大用小用，皆毋庸自大，亦无需自卑。如同樗栎，因其大而无用，却因物无相害，才能够安享天年，任意逍遥。

心境豁达，看破局限，观小处大，不以形式上的大用而忽略了内容里的小用，毕竟“人生没有用不到的经验”。一个人要了解自己的限制，才能发挥自己的能力。不盲目追寻特定的有用，因为特定的有用，过了此时此地，谁也说不准是有用的了。“有用”二字，存在着针对性，对眼前的大用，并不保证将来的有用。想方设法、倾尽全力奔逐追求自以为是的人和事物，反倒困住了振翅欲飞的自己。

“不识庐山真面目，只缘身在此山中。”基于内在的初衷与外在的协调，重新认识自己。以宏观角度着眼，抛开局限，转换视角，能获得洞视的能力与豁达的功夫。如此，认识到“无何有之乡的自在逍遥”况味，才能免于惶惶不安中，亦不致迷失于山穷水尽之中。

第三节

一次性给足，抑或是一步步开显？

精神主旨

泯除物用成心，顺应自然，

让心灵达到物我合一的境界，

才能是真逍遥。

说到了本章关于“樗栎之材”的精神主旨，庄子认为我们不必过度去强调无用的价值，从而彰显出有用的限制。人生在世，天生万物，各有其难以统一标准的巧妙价值。不要用主观的成见去扭曲了物物各自美好的生存空间，不需用偏狭的定义去戕害物物各自活泼的本善初衷。消弭个人成见，泯除物用成心，顺应自然，还其各自的天真本色，让自己成为自己，心灵得到充分的滋养与启发，达到了物我合一的境界，才算得上是真逍遥。

每当教授到“樗栎之材”这部分内容时，我总会以多年前日本的感人广告《人生不是马拉松！》来启发我的学生们，而这个广告短片，也的确带给学生内心不小的冲击与感动。广告内容是这样的：

今天也是照惯例继续地跑步，而每个人都是属于自己的一个奔跑者。时钟无法暂停，时间滴滴答答地往前走而不停地流逝着，这是一场无法回头的马拉松比赛。一边跟对手竞赛着，同时在时间的直道上，我们将不断地奔跑，想要跑得更快，一步步地前进着，坚信着前方会有美好的未来，前方肯定会有终点。因为，人生就是一场马拉松。

但是，真的是那样吗？人生就真只是那样的一个被规定的东西吗？不对，不对，不是这样的，也不该是这样的，这其中肯定有问题。人生，绝不是马拉松！而如果可以不是这样，那么，谁能告诉我，这场比赛规则是谁制定的？终点又是谁确定的？该跑去哪里才对？该往哪边跑才正确？可不可以走出属于自己的路？能不能有专属于自己的路？

我不清楚。我们所未知的世界大到无法想象。没错，既然如此，偏离正轨吧！迷惘着、苦恼着、痛苦着跑，一往无前地跑到最后。失败了也好，走多了迷途弯路也罢，不用非得和谁比较，因为路不止一条，终点也不止一个。有多少路就有多少种可能，有多少人就有多少种选择，目标绝非是画地自限的一致。

这样的人生各自精彩！谁说人生是马拉松！

是的，一如橡树和种子的关系。我们在看一个橡树的种子，我们如何去理解它在屏除外力干扰（如被鸟啄食、被暴雨侵蚀……）之际，得以顺利地成长而使之成为橡树的。

假使在没有外力的介入干扰之下，这颗种子的“潜能”便注定是且也只能是成为它的“实现”。问题是这颗橡树种子唯一的“潜能”是什么？想当然尔，当然是成为橡树。成为橡树便是这颗橡树种子唯一的“实现”价值。一个事物必然是顺着它的本质去发育、去成长、去完成的，所以它也只能由橡树种子发展成为橡树，而无法成为别的，也不允许成为别的。

反之，作为一个人则不同，如果我们强调每个人是可以被允许在动态中完成的，能够允许个人有所谓创造性的空间变化和价值余地，这样属于一个人的独特概念更能突显出一种文化层面的活泼意涵。因为人是可以在经由教养、美化、善化的过程中，而允许有着个别差异性的存在发展，而非是突显出如橡树种子那样狭隘单一封闭的依附关系。

《老子》中所言的“大成若缺”“大盈若冲”，说的便是开显敞开的心。谁能予我抉择最后的保证呢？答案是“没有”。不停地注入生命的源头活水，以无保证为保证地向天地间敞开，即使无法兼善天下，就算仅能是独善其身，最后的保证至少是自己，所幸还能保有这样的本真的自己。这便是人之所以异于他物，人之所以为人的多面性、丰富性的理趣。“周将处夫材与不材之间”，将是选择成为了一个可以撷取但同时又无法保障存有的可贵精彩性。

因此，作为一个人，成就一个人，究竟是像橡树种子一样，安全无虞地一次性地给足，还是想要成就人之为人的价值，而活泼、尊严地一步步开显呢？

唱和呼应

听妈妈的话	今子有大树，
别让她受伤	患其无用，
想快快长大	何不树之于无何有之乡，
才能保护她	广莫之野。
美丽的白发	彷徨乎无为其侧，
幸福中发芽	逍遥乎寝卧其下。
天使的魔法	不夭斤斧，物无害者，
温暖中慈祥	无所可用，安所困苦哉！

（改编自周杰伦作曲、作词、演唱《听妈妈的话》）

第三章

邯鄲学步

第一节

丑态毕露之东施效颦

故事引导一　知其然而不知其所以然

西施病心而颦其里，其里之丑人见而美之，归亦捧心而颦其里。其里之富人见之，坚闭门而不出；贫人见之，挈妻子而去之走。彼知颦美，而不知颦之所以美。（《天运》）

西施是越国的美女，因为心脏病的缘故，走起路来总是用手捂着胸口，紧皱着眉头。村里有位长相奇丑的女人，见了西施皱着眉头走路别有一番韵致，回去后便开始效仿西施用手捂住胸口、皱起眉头的模样。于是，村里的有钱人见她这副模样，连忙紧闭大门不敢出来；穷人瞧了她这副模样，也赶紧带着妻子儿女慌忙地躲开了。

知其然而不知其所以然，徒知事物的表面现象，却不深究事物的本质及其之所以如此的原因。那个长相奇丑的女人只知道皱着眉头甚是美丽，却不明白其真正原因，因而成了令人哭笑不得的东施效颦。

爱美之心人人有之，但在学习别人的长处之前，是否应该以客观理性的态度来审视自身的条件，分析形势，扬长避短，让自己的优点得以发挥，并避开自己的短处？

不顾自身条件，不知道他人得以显现的长处为何，仅从表面上去机械地模仿，一厢情愿地生搬硬套，画虎不成反类犬，只会弄得不伦不类，适得其反，甚至丑态毕露，最终成为别人的笑柄。

故事引导二 知其然知其所以然

这是前阵子网络上流行的一段励志的对话：

老师问：青蛙和癞蛤蟆有什么区别吗？

学生答：青蛙思想保守，不思进取，坐井观天，是负能量；而癞蛤蟆思想前卫，竟想吃天鹅肉，有远大目标，是正能量。到了最后，青蛙上了饭桌，成了一道可口佳肴；反观癞蛤蟆却上了供台，反转成为人们所喜爱，能够招财进宝的“金蟾”。

结论是，长得丑是不需自卑害怕的，关键是要想得美。梦想肯定是要有，万一哪天全都给实现了呢！

子独不闻夫埳井之蛙乎？谓东海之鳖曰：“吾乐与！出跳梁乎井干之上，入休乎缺甃之崖。赴水则接腋持颐，蹶泥则没足灭跗。还虷蟹与科斗，莫吾能若也。且夫擅一壑之水，而跨跱埳井之乐，此亦至矣。夫子奚不时来入观乎？”东海之鳖左足未入，而右膝已絷矣。于是逡巡而却，告之海曰：“夫千里之远，不足以举其大；千仞之高，不足以极其深。禹之时，十年九潦，而水弗为加益；汤之时，八年七旱，而崖不为加损。夫不为顷久推移，不以多少进退者，此亦东海之大乐也。”于是埳井之蛙闻之，适适然惊，规规然自失也。（《秋水》）

以上便是我们所熟悉的成语故事“井底之蛙”。故事讲的是，在一口浅井里住着一只青蛙。某天，青蛙在井边遇见了一只从东海来的大鳖。青蛙很是兴奋，得意地对大鳖说：“我住在这里可快乐了呢！我心情愉悦时，就在水井栏杆边蹦蹦跳跳；疲倦乏累时，又能够靠在破砖边休息；在水里游泳，就浮起我的双臂，托起我的两腮；踩在泥浆里，泥又迅速地淹没我的脚背。回头看看井里的那些赤虫、螃蟹和蝌蚪，谁也比不上我优游自在。我可是独占一坑水，盘踞这口井的主人呢。大鳖先生，你何不进来瞧瞧呢？”大鳖听了青蛙的话，倒真动了要进去一探究竟的念头。可它的左脚都还没有整个伸进井里，右脚就已经被绊住了。它踉踉跄跄地后退了几步后，把关于大海的情况跟青蛙说道：“你可见过大海？海的辽阔，何止千里？海的深度，何止千丈？夏禹之时，十年有九年水灾，可海平面并没有因此而上升；商汤之时，八年里有七年旱灾，而海平面也并没有因此而下降。可见海水是不受水旱灾害时间长短的影响而改变水量的增减。住在那样浩瀚的大海里，才能真正带给我前所未有的快乐呢！”井里的青蛙听了大鳖的一番话语之后，神色惊慌，面红耳赤，尴尬得不知所措。

永远不要以为自己能看到的最高处就是天空，这便是《秋水》中所说的“井蛙不可以语于海者，拘于虚也”。你千万不能和住在井底的青蛙谈论大海，因为它早已被那狭小的生活环境所局限住了。反观长相丑陋不堪且身上布满黏液的癞蛤蟆，则是另一番光景了。传说广寒宫里的三足蛤蟆，能口吐金钱，富贵自足，还可以避邪，并有“吐宝发财，财源广进”“家有金蟾，财源绵绵”“得金蟾者必大富”的美好寓意。所以癞蛤蟆逆袭成为财富的象征，受人供奉。

生活在井里的青蛙和井外的癞蛤蟆，若是同时看见展翅飞翔的天鹅，依着生存空间推测联想，不难发现，身处狭隘密闭空间的青蛙除了无动于衷之外，怕是不能再有其他任何惊人之举了吧。井外的癞蛤蟆，却有不同于井底之蛙安于密闭现状的开放状态。虽然癞蛤蟆和天鹅之间距离遥远，却不妨碍它拥有“垂涎三尺”无限延伸的想象空间。

青蛙和癞蛤蟆这篇寓言故事虽然令人捧腹，但思维角度独到，可与变动中的现实相互呼应。这则寓言告诉我们，不要仅凭一个远远观望，就做出臆断；不要尚未付诸行动，就告诉自己不行。人生贵在行动，不仅要有行动的目标，知道事物的表面现象，更要把握事物的本质及其产生的原因。知其然知其所以然，勿盲目崇拜别人，要有与众不同的见解，有远大目标的正能量，才会激发出对生活的热爱，展现人生的价值与美好。

第二节

邯郸学步，失其故步

原文对焦

且子独不闻夫寿陵[①]余子[②]之学行于邯郸[③]与？未得国能，又失其故行[④]矣，直匍匐[⑤]而归耳。（《秋水》）

注释：①寿陵：燕国地名。②余子：少年。③邯郸：战国时赵国的都城，故址在今河北省邯郸市。④故行：原来的步法。⑤匍匐：手足伏地爬行。

你难道没有听过燕国寿陵的少年学习走路的故事吗？他因为羡慕赵国邯郸人走路的俊美姿态，所以前往学习，结果不但没学成邯郸人走路的本领，反倒连自己原来的步法都给忘了，最后只得尴尬地爬着回去。

这个故事取自战国时名家公孙龙和魏国公子魏牟的一段对话。公孙龙认为自己通达事理，博闻善辩，能融通儒家，把握名家。

但当他听到庄子博大精深的言论时却屡感困惑，无法理解，于是请教于魏牟：是否因为自己的学养不足而导致如此茫然？有趣的是，公孙龙在这里所咨询请教的魏国公子魏牟，其实正是庄子在此文中的代言人。化身为魏牟的庄子，径自往脸上贴金就算了，还以魏牟之名，保全道家之名，来抨击儒家、名家之实，作出各种滑稽辛辣的讽刺。

魏牟认为公孙龙就好似眼界狭小的井底之蛙，难怪无法通晓庄子学说的玄妙之处。因为庄子博大精深、高深莫测的论道境界，绝非只是知其一而不知其二的公孙龙的能力所能领悟得了的，因而劝谏公孙龙别再试图探求，免得到了最后非但不能学得庄子学问的精妙，反而连自己的优势都给丧失掉了。这就好比燕国寿陵的少年，因为羡慕赵国邯郸人走路的俊美姿态，所以前往学习，结果不但没学成邯郸人走路的姿态，反倒连自己原先的步法都给忘了，最后只得尴尬地爬着回去。

“邯郸学步”这个成语就是从这里演变而出的，比喻模仿别人不成，反而将自己原有的技能给丢掉了，失去原来的自我。这个寓言故事并不是要我们不努力学习、不见贤思齐，而是要在学习仿效他人的优点之际，好好地审视自己的能力，并考虑适合自己的方法和步骤。

孔子说过：“中人以上，可以语上也；中人以下，不可以语上也。”（《论语·雍也》）天赋资质不同，学习效果当然截然不同。生搬硬套，胡乱模仿，不但学不到别人的长处，反而会把自己的优点和本领也得不偿失地给抛掷掉了。邯郸学步，终究难臻圣境。

第三节

别让世界的单薄，夺去生命的厚度

精神主旨

外化而内不化，不以俗事失其本真，

毋让造作损其性命，勿用有限毁其无穷。

古之人外化而内不化，今之人内化而外不化。与物化者，一不化者也。安化安不化，安之相靡，必与之莫多？（《知北游》）

人活在世间，其实就处在外在体验和内心感悟两个不同的世界中。外在是有形可见的，是与众人共同参与的现实世界；而内在便是指人类的心理世界。庄子在《知北游》中说道：古代的人，外在的言行与世俗同化，内心却保持对道的清明与体认，不放弃真我。反观现在的人，内心迷惘善变，无法随着外物的变化而与之因应变化。能够随物而做出适当变化的人，内心将能宁静清明，持守不变。化和不化皆能安然处之，能够安然地和变动的处境相互对应，以其内心不变来因应万变，就可以合乎分寸地以安适之适来参与变化。

所谓的“外化”，为因应时代环境的变动，在形式上能够有着与时俱变的调整，随着外物变化做出因应而与之变化；“内不化”，是万变不离其宗，对于喜怒哀乐，不需要刻意地送往，也不要沉湎地迎来，时时保持自我内心寂然不动的超越态度。尽管形式上变化多端，但内心始终抱持着不变的信念。

不让红尘俗事失掉了固有的本性，毋让人为造作损耗了真实的本源，勿用有限拘泥毁伤了无穷的安适大用。安于时机并且顺应情势，与之变化，哀乐之情就无法进入心中，任由其主宰。达尔文说过，能够生存下来且生存得最好的，既非最强壮的，亦非最聪明的，而是能对改变做出最佳反应的人。

当下并非是个静止永恒的世界。我们无所逃地都要投入无法阻挡的造化流行当中。可千千万万别怪罪世界的单薄，而夺去生命展延的厚度。既然身处在无法阻挡的变动过程，便要学着知变而后安变，用有无、变通、虚实这样的变化和一体化，随着环境的与时俱变、因时制宜而不将不断灵光乍现的变化固定下来。

反思讨论

如何在人生的两种选择中，试图安顿自己，认真生活，并乐在当下？

选择成为自己	选择不成为自己
设法把握关键时刻， 不丢失本真的自我， 生命得到本质保证。	满足大家的期待。 不凸显角色，不张扬特色。 跟随大众流行，外表如同，吃喝一样。 最后，内心也化为一致了。

苏格拉底说，未经审视的生活是不值得过的。比如绝大部分的人都已经曾经或即将面对无法逃脱的择系、选科、就业问题，究竟是要因应当下主流情势，遵从父母长辈的意愿，还是顺应自己的志向兴趣？有趣的是大部分的人都倾向成群结伴地迈向看似前程锦绣的康庄大道。不依其自我的选择，便满足了大家的期待。安安分分地跟着热门潮流、大众流行，不凸显角色，不张扬特色，外表如同，吃喝一样，欲求雷同，最后，内心也化为一致了。

然而，究竟是要当别人还是做自己，大部分人口中所说的做自己，说到底还是不免做别人。看着他人拥有外在的功名成就，不免心生羡慕，起而效尤。但如果自身没有与之匹配的优势条件，获得佳评的渴切动机，最后不仅当不成别人，还要陷入找不回自己的困窘尴尬。

英国作家王尔德说过：“人生有两种悲剧：一是得不到我所要的；二是得到我所要的。”因为得不到所希所想而椎心刺骨，是容易被理解的。可是为何已得到所欲所盼，仍觉得是悲剧一桩呢？因为孜孜矻矻，日夜苦求终于得到手的结果，却晴天霹雳般地发现竟然全非初衷所愿。付出了大半辈子，徒绕生命的一大圈，才痛悟选错了方向。人生悲剧，莫过于此啊！

吾所谓聪者，非谓其闻彼也，自闻而已矣；吾所谓明者，非谓其见彼也，自见而已矣。夫不自见而见彼，不自得而得彼者，是得人之得而不自得其得者也，适人之适而不自适其适者也。

（《骈拇》）

我所谓的聪敏机智，指的不是倾听纷杂的外物，而是倾听沉静的自我。我所说的明目洞察，指的并非是看清错综的外物，而是看见安恬的自己。只能是看清他人而无法观照自身，只能是羡慕别人而不去肯定自我，这就成了一天到晚只想坐拥他人的一切，而无法满足自身的已有，贪恋他人的安适而不求自身安适的人。

十年河东，十年河西，风水轮流转。以无保证为保证，以其变动为其不变。现在的热门谁又能保证是永远的热门，当下的冷门谁又晓得何时会来个华丽逆袭。每个人都想告诉你该做什么，你能成为什么，可也只有你自己能决定自己要做什么。你若不是真心喜爱，不必风雨来扰，毋需困顿考验，依旧摇摆，永远不安；你要真心喜爱，你才愿意付出，风雨迎难亦无怨无悔。就算是全天下不看好的冷门，也是专属于本人独一无二的热门。做自己会很辛苦，但不做自己会更痛苦。不要拿着别人的标准来框定自己的人生，不需要别人来给我们的人生下定义，别人所谓的为你好并不一定适合自己，别人所说的理想也不见得就是自己想过的人生。过什么样的生活，希冀的幸福是什么，只有你自己最明白。

勿盲目崇拜别人，不削足适履模仿他人，要有与众不同的见解。而如何能够选择成为自己，发挥自我的独特性呢？设法把握关键时刻，拿回生命的主导权，不丢失本真的自我，生命才能得到本质的滋养保证。如此一来，深谙自我生命价值的你，将不再被别人的价值给牵着鼻子走，同样也不再让全世界的单薄来夺去你能够尽情延展的生命厚度。

唱和呼应

王老先生有块地啊
伊啊伊啊呦
他在田边　养小鸭啊
伊啊伊啊呦
这里呱呱呱　那里呱呱呱
到处都在　呱呱呱呱
王老先生　有块地
伊啊伊啊呦

且子独不闻夫寿陵余子之
学行于邯郸与
未得国能　又失其故行矣
直匍匐而归耳
夫寿陵余子　学行于邯郸
未得国能　又失其故行矣
夫寿陵余子之　学行于邯郸与
直匍匐而归耳

（改编自儿歌《王老先生有块地》）

第四章 蜗角之争

第一节

别有天地的退让哲学

故事引导一　让他三尺又何妨

六尺巷是安徽省桐城市的一处历史名胜。康熙年间（1662—1722），张英（1637—1708）在京城做大官，人称“张宰相”。某一年，张英的家人欲重修府邸，因院墙占了邻居的地界而与邻居发生冲突。邻居认为张家仗势欺人，于是和张家争执，不愿相让，并表示“宁可家破人亡，也要寸土不让”。双方僵持不下，积怨一触即发。

于是，张家赶紧写信给在京为官的张英，希望借由其权位干预此事，速让当地官府为其撑腰。张英收到信之后，随即回诗一首：

千里送书只为墙，让他三尺又何妨。
长城万里今犹在，不见当年秦始皇。

张英家人收到信之后，原本不能理解张英的做法，但经过反复吟诵，意识到“自家地基退小步，邻里关系进大步”，遂也顿悟出张英期望家人能够克己处事、大度做人的深长寓意。于是，张英家人当下决定将院墙向后退让三尺。邻居得知后，深深感动于张家的大度礼让，也将自家的宅院主动后退三尺。如此一来，两家之间便空出了六尺宽的巷子，六尺之巷亦因此而得名。

后来，这事被广为传颂，成就了“争一争，行不通；让一让，六尺巷”的民谣。康熙帝听闻此事后，敕立牌坊以彰谦让之德。

张英身为当朝宰相，可谓一人之下、万人之上，却不倚仗权位，仗势欺人，说服家人先行退让，忍得一时气，免得百日忧，为后人树立了良好的典范。《老子·第二十二章》：“夫唯不争，故天下莫能与之争。”正因为不与人争，所以天下没有人能与他争。生活并非战场，无需一较高下。人与人之间，磕碰摩擦在所难免，彼此互谅互让、理解包容，便能化干戈为玉帛。反之，蛮横无理，贪图近利，不考虑客观情况，结果肯定适得其反。

“邻里好，赛金宝。”从争到让，其六尺之宽非宽在六尺，而是宽在心灵境界的高度及礼让精神的美德。“长城万里今犹在，不见当年秦始皇。”百年之后，物换星移，人事全非，又何苦贪一己之便，苦苦相逼，搅得人心崩离呢！正己修行，谦让多福，有德少祸，才能绘出人生的海阔天高。

故事引导二　退后原来是向前

手把青秧插满田，低头便见水中天。

心地清净方为道，退后原来是向前。（布袋和尚《插秧歌》）

心无杂念专注着插秧，不经意低了头，赫然发现，除了浩瀚无穷的大千世界之外，水中之天如镜，其境别有天地。低头所见水中倒映的天空，竟是一片片澄净幸福的蓝天。“手把青秧插满田”中的“田”实际上指的是人所独有的“心田”。每个人的内心里都住着一畦田地，辛勤播种的同时，只要眼、耳、鼻、舌、身、意六根，不被外面的色、声、香、味、触、法六尘沾染，时时自觉警悟，保持心地清净，让本性清澈显见，随处自然而顺应因缘，这便是道，即是修行。

心地清净，便是要让六根清净，不受外界诱惑。六根，指的是六种感觉器官，亦即感知能力。眼乃视根，耳为听根，鼻是嗅根，舌乃味根，身为触根，意是念虑之根。眼、耳、鼻、舌、身、意六根稍被熏习感染，便会对人世间的浮名现象盲目追逐，自制欲望不圆满的因缘，产生轮回不止的苦果。“爱可生爱，亦可生憎；憎能生爱，亦能生憎。”所以佛教言爱道憎，恰若一体两面之手心手背。爱之愈深，则憎恨可能愈强，乃至折腾不止，至死方休。

人类究竟为何有着种种苦恼不幸？该用何种途径才能彻底觉悟，摆脱苦恼？相信布袋和尚《插秧歌》末句的 “退后原来是向前”便能作为最佳解答了。稻田中的农夫，边插着秧苗边移身后退，身似退后，却眼望无际、心透无垠，正因如此，才能将秧苗插完。“退后原来是向前”中以退为进的插秧动作一如谦让的处世哲理，退一步海阔天空，不执拗便豁然开朗。因结实累累而弯腰的金黄稻穗，不时以美丽谦卑的姿态告诉我们：青青一秧苗，进退皆法身。

很多时候，退让或隐忍并非全然的消极悲观，反倒是乐观积极的挺进。与人相处，计较利害得失，相互排挤诋毁，不仅于事无补，反恐添增灾难。若以退后一步的精神来反思不足、打造气性，将贪得无厌的心念化成慈悲施舍的心境，将傲慢姿态转为谦卑心态，不仅能体悟自己的痛楚，亦能感受他人的疾苦，对于所有不幸之人，皆能宽容理解。这便是待人处世的最高境界。

低头插秧，清净是道，后退一二，前行千万，看似无为，实则大为。人身难得今已得，只有当我们的身心不再为外界物欲所牵引，从人世间暂时的假有，过渡到沧海桑田的真空，体会生活的况味，顿悟离苦得乐，方是修行上乘。

第二节

蜗牛角上的生命张力

原文对焦

惠子闻之，而见戴晋人[①]。戴晋人曰："有所谓蜗者，君知之乎？"曰："然。""有国于蜗之左角者，曰触氏；有国于蜗之右角者，曰蛮氏。时相与争地而战，伏尸数万，逐北[②]旬有五日而后反。"君曰："噫！其虚言与？"曰："臣请为君实之。君以意在四方上下，有穷乎？"君曰："无穷。"曰："知游心于无穷，而反在通达之国，若存若亡乎？"君曰："然。"曰："通达之中有魏，于魏中有梁，于梁中有王。王与蛮氏，有辩[③]乎？"君曰："无辩。"客出而君惝然[④]若有亡也。

（《则阳》）

注释：①戴晋人：梁国贤人。 ②逐北：追剿败北逃亡的军队。 ③辩：同"辨"，分别。 ④惝然：怅然，失意不悦的样子。

魏惠王与齐威王订约结盟，可齐威王却违背了盟约。魏惠王盛怒，打算派人去刺杀他。主战派的公孙衍将军听说后感到可耻，便对魏惠王说："您是万乘大国的国君，却用寻常匹夫的方法报仇。我请求率领二十万披甲士兵，为您攻下齐国，俘虏他的人民，掠取他的牛马，让他因恚恨而背生痈疽，借此消灭他的国家。还要迫使齐将田忌望风出逃，再生擒他，鞭打他的后背，折断他的脊梁。如此一来，才称得上是泱泱大国的风度，光明磊落的做法。"

主和派的季子听了公孙衍的做法深感可耻，说："譬如要修筑十仞高的城池，已经完成了七仞之高，却又毁坏它，这可是服役之人辛苦劳动的成果。如今已七年没有战争了，这可全是大王的基业啊！公孙衍是个爱挑拨离间的人，千万别听信于他而发动战争啊！"

华子听了之后，替他们感到不耻，便说："鼓吹攻打齐国的人，是好战之人；主张不要攻打的人，同样是好乱之人；然而像我一样，议论着攻打与不攻打来搅乱人心的人，一样都是好战好乱之人。"君主说："照你这样说来，那么究竟该如何是好呢？"华子答道："君主但求自然之道便可。"

惠子听说了这件事，便将戴晋人引荐给魏王。戴晋人对魏王说："有一种叫蜗牛的小动物，您知道吗？"魏王说："知道。"戴晋人接着说："有个国家建在蜗牛的左角上，人称触氏；另一个国家建在蜗牛的右角上，人称蛮氏。两国经常为了争夺地盘而挑起战祸，倒下的尸体就有数万之多，战胜者追逐战败者往往十天半月才撤兵返回。”魏王说：“唉！这都是空穴来风、子虚乌有的说法吧！”戴晋人说：“且让我为您慢慢道来，一一求证吧。依大王之见，四方上下可有穷尽？”魏王答：“当然是无穷无尽。”戴晋人接着说：“若是知道自己的心思能在无穷无尽的境界中奔腾遨游，那么再回过头折返人间，看看所到之处舟车通达的国家，是不是感到若有似无、难以捉摸呢？”魏王说：“没错！”戴晋人又说：“在这舟车通达之处有个名为魏国的国家，在魏国之中有个大梁城，在这大梁城之中又有一位国君。那么试问：此一国君和那蛮氏相较，有分别吗？”魏王说：“没有分别。”戴晋人辞别离去后，魏王心中恍惚，怅然若失。

两国结盟，一方背约，原是外交问题，若事态严重，便会演变成一发不可收拾的军事纷争。“蜗角之争”又叫“蛮触之争”，用来比喻所争的事物极其微不足道。蜗牛本就不足轻重，而建立在蜗角上眇乎小哉的两国，为了一己私利，总在一些无意义的事物上锱铢必计、费心争夺，非拼个你死我活不可，弄得生灵涂炭、尸横遍野。他们是否想过自己根本仅是蜗牛角上的一个微乎其微的小国呢？

多一座城，少一个郭，从浩瀚宇宙看来，真是太过渺小，太微不足道了。就算多争了一些土地，其意义又何在呢？善于说喻的戴晋人适时提点魏王，何苦为了蜗牛上的那一小角去大动干戈、杀伐攻掠，迫使大家陷入硝烟弥漫的战争苦楚之中呢？若能将眼光放长看远，便不会计较成败恩怨。所幸魏王能在怅然若失之中参透得失，领悟到欲求其道仍须依道而行之大道真理。而何谓自然之道，依道而行呢？就是行之而成的自然真实，将自己安放在道的境域之中，对存在价值给出肯定，从而在勤修行、能坚持、肯实践中，其道自自然然行之而成。

人在宇宙之中不也如太仓稊米、沧海一粟一般？连绵不休的战争，又何尝不是蜗牛角上的厮斗呢？换言之，与无穷的大千世界比较，我们不过是蜗牛角上的小国寡民。所以，当我们汲汲营营去争取更多的权势名利时，是否认真思索过这些东西不一定能让你的人生变得更有价值和意义，相反，极有可能为你带来意想不到的伤害和灾祸？

人若缺乏格局，眼见就会离不开鸡毛蒜皮。蝼蚁心态，再小的石头皆是障碍；雄鹰姿态，再高的山峰都能尝试。换言之，如何成为有高度远见的人，是岁岁年年必备的升华宝典，而非年年岁岁怨己的烦恼挫折。尤有进者，小鼻小眼小偏心，任何小事皆大事；识大量大心宽大，任何大事全小事。出生、读书、就业、家庭等，是每个人都必须面临进退且无所逃的人生抉择。试着不因成王败寇丧失本性，不让荣辱得失紊乱自我，不为蝇头小利自寻烦恼。忍一时则风平浪静，退一步则海阔天空。心胸宽阔，有容乃大，活得潇洒自在，看透人类渺小，便能笑纳渺小。历史很长远，人生好短暂，豁然开朗，与世无争，笑看蜗牛角上的生命张力，尽情挥洒生活的能量，即便不足，即使有憾，也都是美好。

第三节

放下是福，知止而安

精神主旨

蜗牛角上争何事，石火光中寄此身。

随富随贫且欢乐，不开口笑是痴人。（白居易《对酒·其一》）

大肚能容，容天下难容之事；笑口常开，笑世间可笑之人。人生在世，如寄蜉蝣于天地，渺沧海之一粟。就算功成名就，只是蜗牛角上的争夺；纵使富贵百年，不过石火光中的一瞬。“蜗牛角上”和“石火光中”是何等的渺小短暂？可即便如此，身处红尘，穷究一生，人心不足蛇吞象，大有竞相驰骋于追名逐利而乐此不疲之人，求之不得又心有不甘的恚嗔悲戚之客。

白居易这首《对酒》，正是尝尽人生酸甜苦辣后的深刻体悟，亦可为本文的精神主旨。“人生得意须尽欢，莫使金樽空对月。”面对世态炎凉，短暂人生，应当享受当下，而不该费尽心思，舍本逐末，把珍贵的时光浪掷在血本无归的争名夺利之中。百味人生，难免残缺；打开心墙，接受遗憾。与其执着有无，愁云惨雾，哭丧着脸，何不微笑面对，泰然处之。贪婪是幸福的天敌，世间无论一切事，转一瞬间皆昙花。既知须臾，所争为何？想获幸福，何不欢欣？放下是福，方能知止而后安；知足常乐，才能自在又逍遥。

大多数人习惯于成为岁月的奴隶，跟在时光背后瞎逞盲斗，遗落了追求的初衷，迷失了拥有的淡定。掌声烘托的虚荣，鲜花环绕的荣耀，不过是一场发生在蜗牛角上的争斗，不过是镜花水月、海市蜃楼。朝如青丝暮成雪，青春恰似光掠影，繁荣浮世转瞬逝，一切荣辱成败、兴衰得失不过烟云过眼罢了。有时缺憾是一种美，随性更能怡情，过于精致，过分完美，反倒要惊心度日、难容安宁。有些人处风雨飘摇仍笑看风景，有些人拥豪宅金屋却道不快。既然我们都是微尘过客，没有绝对安稳的人生保证，本该携一颗从容淡泊的心，走过山重水复的流年，笑看风云起落的岁月。细推物理须行乐，何用浮名绊此身。尤有进者，细究推敲蜗角之争的祸福道理之后，何须意气相争？何须浮名牵绊？何不及时当下行乐？诸事计较诸事忧，未免痴傻未免愚，随富随贫且欢乐，不开口笑是痴人。

反思讨论

纷争源于不自量力。

生命短暂，犹如石火。争一时之气，逞半刻之快，事情果真就画下圆满句点了吗？争得了这一时半刻的虚名伪胜，接下来还有排山倒海而来的纷争，须得更加足玉石俱焚之劲道，才能屡屡在马不停蹄且怒火中烧的行程中，光荣完赛。当然，唯我独尊的自大，机关算尽的思虑，心如悬旌的疑惧，顷刻难安的代价，伤身耗命的演出，皆是玩命关头的必备战略。换言之，将轻如鸿毛视为重如泰山之大事，为了一较高下的人前风光，而舍弃快活适意的人后舒卷，值与不值，值得深思。

自知者明，知人者智。世态人情经历多，闲将往事思量过，贤的是他，愚的是我，争什么？蜗牛角上争何事，望断天涯何时休？所有纷争源于不自量力，跳脱转境，看破放下。当忧愤太过沉重，便让自己回到起点；别和自己过不去，因为一切都会过去。痛痛快快地让他个三尺，不生气，拚争气。如此一来，是否便能摆脱“惝然若有亡也”，而幡然悟道了呢？

唱和呼应

与你相遇　好幸运	蜗牛角上　争何事
可我已失去为你	石火光中寄此身
泪流满面的权利	随富随贫且欢乐
但愿在我看不到的天际	放下是福知止后而心安
你张开了双翼	低头见水中天
遇见你的注定	心清净方为道
（oh…oh…）	（oh…oh…）
她会有多幸运	退后原来是向前

（改编自 Jerry C 作曲，徐世珍、吴辉福作词，田馥甄演唱《小幸运》）

第五章 庄周梦蝶

第一节

必有分矣的国王与牧羊人

故事引导一　国王与牧羊人

柏拉图（Plato，427B.C.—347B.C.）是古希腊最重要的哲学家，他有个颇为著名的对话录叫作《理想国》。《理想国》中有这样一个饶富趣味的故事：

盖吉士（Gyges），是利底亚（Lydia）国王手下的一位牧羊人。某天，当他在放牧羊群时，忽遭狂风暴雨、雷电交鸣，一阵天崩地裂后，突将地表震裂了一个大洞。盖吉士被眼前的景象所震慑，惊惧而好奇地走进地洞。在漆黑的洞窟里，他看到许多惊奇的事物，其中有一匹铜马令他印象深刻。这匹铜马的中间部分是空的，像一扇门。盖吉士朝这扇门里一看，意外地发现一具比人的形体还要硕大的尸体。更特别的是，这具尸体的手指上竟戴着一枚造型特殊的金戒指。于是，盖吉士离开时便拿走了这枚金戒指。他戴着这枚戒指赶着去参加牧羊人每月一期的例会，这个会议是向国王报告羊群的状况的。会议间他无意地将戒指的戒面向内转，惊讶地发现他的同伴竟然看不见他，因为他们在谈论到他的时候，就好像他是不存在的一样。盖吉士感到十分震惊，于是他把戒指的戒面往外转成原来的样子，赫然发现，此刻的他又变回到可以被人看见了。

盖吉士在窃喜之余，开始对这枚戒指进行多次试验，看看它是否真的具有如此强大的功能与魔力，竟然屡试不爽。经由这个意外发现，他开始为未来盘算着，而再也不愿仅是国王底下一个收入不丰而毫不起眼的牧羊人了。在一次出席国王的宴会时，盖吉士想方设法引诱皇后，并在皇后的帮助下，谋杀了国王，篡夺了王位。

试问：倘若你是那位牧羊人，同样拥有这样一枚能让你隐形的戒指，你会不会做出和盖吉士同样的选择呢？在现代社会中，如果你拥有一枚能让你隐形的戒指，既不用偷，也不必抢，你会不会去银行“拿”钱？会不会去珠宝店“取”走珠宝首饰？会不会大摇大摆地走进心仪已久的异性家中，满足你朝思暮想的梦？当一个人知道自己的所作所为不会被人觉察的时候，他能否运用理智并控制自己不去做一些离经叛道的事情呢？

《理想国》中的辩士认为，只要是拥有这枚戒指的人，无论是日常生活中看似有道德的人，还是无道德的人，都会做出同样的行为，去满足个人所有的私欲。于是，所谓的“道德”就像是一只枷锁，禁锢着每个人内心深处狂野的私欲。一旦除却枷锁，最终最真实的人性会如脱缰的野马一样，肆无忌惮，任意妄为。

这其实是关涉生命主体的自我定位问题。盖吉士服务于国王，一直是安安分分、恪勤恭谨地扮好牧羊人的角色。当他发现那枚神奇的戒指所带来的各种美好和欢愉时，牧羊人已非牧羊人。生命主体的心，一旦被名利欲望扭曲了立身人间的修养功夫，便会坠落在形体之中，甚至脱离了形躯，丧失了回归生命自然的主权。如此一来，便难以摆脱心知执着与人为造作，而在不断的失衡崩塌的逐物不还中退堕。

故事引导二　物我二分与物我合一

人在睡梦中可以打破形体的障蔽，在梦中穿越转换，贯通现实与梦幻间的界域。“人生如梦，梦如人生”，“庄周梦蝶”中的庄周可以是梦的主体，亦可以为蝴蝶梦中的客体。透过庄周与蝴蝶间的互为主体性，处境也随之摆脱形体的僵化限制，在主客体间身份互异的哲学思考下，与大自然的融合中齐一，而对生命主体自我认同的定位问题进行了深刻反省。

何谓物化？便是指主客体间相互融入，物我之间打破障隔。“庄周梦蝶”中的物化便包含这两种意思。其一是在人我和物我的“物我二分”中消解形气物欲的拘限障蔽；其二则是在心神的释放之下，将自我融入天地万物之中。当物我界线消释，万物融化为“物我合一”之境，庄周可以融入蝴蝶而成就庄周梦蝶，蝴蝶亦能融入庄周而成就蝶梦庄周，共同朗现始于对立之“物我二分”，而终于和谐之“物我合一”之中。

第二节

分而齐之的周蝶同梦

原文对焦

昔者庄周梦为蝴蝶，栩栩然蝴蝶也，自喻[1]适志[2]与，不知周也。俄[3]然觉，则蘧蘧然[4]周也。不知周之梦为蝴蝶与，蝴蝶之梦为周与？周与蝴蝶，则必有分矣。此之谓“物化”[5]。（《齐物论》）

注释：①喻：通“愉”，愉快。②适志：合乎心意，心情愉快。③俄（é）然：突然。④蘧（qú）蘧然：惊惶的样子。⑤物化：意指物我界限消解，万物融化为一。

某个夜里，庄周在睡梦中，梦见自己竟化身为一只蝴蝶，欢欣自得，真的就好像是一只临风轻举、翩翩飞舞的蝴蝶，好不惬意啊，全然忘记了自己是庄周这一回事。不久，一觉醒来，赫然发现这儿躺了个僵卧不动的庄周，心中不免泛起了一大问号，不知道是刚刚庄周做梦梦见自己变成了蝴蝶，还是蝴蝶做梦梦见自己成为了庄周呢？而庄周和蝴蝶，一定是各自有其形体本分的差别。因为物我界线消解，参与自然无穷的变化，而万物与之融化为一。

梦是物化的通路，因为只有在梦里脱离了现实给出的负累沉重的自我意识，只有在自我遗忘中觅寻到了真理的序曲，忘记了被时代所赋予的角色，庄周才能恣意幻化成蝴蝶，从而走出自己，成就自己。但庄周终究不是蝴蝶，蝴蝶终究不是庄周；庄周终究是庄周，蝴蝶终究是蝴蝶。“周与蝴蝶，则必有分矣。”忘却自我，化身为临风轻举、翩翩飞舞的蝴蝶，虽然抽离现实可以肆意享受刹那的当下美感，可对于蝴蝶这样的一个身躯，仍旧摆脱不了形体的脆弱和生命短暂的限制。于是，梦醒时便有着大觉而后知此大梦的幡然醒悟。庄周有庄周理当完成的责任义务，蝴蝶亦有蝴蝶要活出的灿烂美好。庄周与蝴蝶必须各安其命，各尽其分，唯有回头重新审视，把握自己，活在当下，生命才能各自发光，各显自在，完成真正物化的所有可能。

精神主旨

明白生死变化之理，忘却本我，

打破物我执着，万物冥合为一，

则无入而不自得，无往而不快乐。

身体互相排斥	外在可见的相互排斥
心智能够沟通	理解的差异、沟通的限制。
灵性打成一片	摆脱身心桎梏，升为更高的精神层面， 道在生命滋养，贯通、丰富，并透现光亮。

庄子认为人的生命分为身体、心智及精神三个层次。然而一个人如何能异于禽兽而从“身体”向上提升至“心智”，最后超拔飞跃为“精神”层面呢？

就外在形而可见“身体”的感知而言，以就业赚钱为例，一把把钞票都让你给赚到了，他人势必减少所得。职位亦是如此，你占了空缺的高位，顺势将他人给踢开了，摆明了他人不得不另择他业。就连张不起眼的椅子亦是如此，你坐了那个位置，他人就因此得站着或是另觅其他椅子。人与人之间相互执着于形体的存在，而不断地与外物较量摩擦，直到生命尽头，还停不了放不下地追逐奔驰，身体与身体间的排斥便由上述可见一斑。再看看作为内在运思抉择主体的心智层面：不同的文化背景，相异的教育水平，有差别的思想生活，往往造成了理解的扞格、沟通的限制。因此，我们所谓的人我他从自我矛盾到家庭学校、社会国家，甚至是国家与国家间因其排斥危机而造成了不可抹灭的战争伤害。

面对种种生命危机，又该如何超拔飞跃为“精神”层面呢？

精神层面既非身体，亦非心智，却又与身体、心智息息相关，须臾不离，平日含而不露，隐而不显，当身体、心智在不断修炼超拔之际，化解掉时间变化生灭的压力，免除了大小之分、物我之别的困扰，共同体验“天地与我并生，万物与我合一”无往而非的理趣。唯有摆脱束缚障蔽，将身体心智升华到更高的精神层面，物我两忘、情景交融的 “道”便在生命中朗现。精神游于道，海阔凭鱼跃，天空任鸟飞，终让道在生命中滋养、贯通、丰富并透现光彩，忘适之适，至大无外。

第三节

我是谁我？谁是我谁？

反思讨论

卡夫卡	现代人所承受之巨大生活压力的梦境。
霍金	梦到宇宙，同样困惑是否宇宙也梦到了我。
庄周	我是谁我？谁是我谁？ 庄周梦蝶，以美启真；形体空间，诗意栖居； 生死一贯，日夜如常；喧嚣浮世，逍遥究竟。

以下反思讨论，我们可由卡夫卡和霍金截然不同的生活环境下的梦境，来和庄周梦蝶的梦境做出我是谁、谁是我，是什么决定你是你、我是我，你为何不是我，我又为什么不是你，是肉体还是灵魂，是成长抑或经历，种种梦境差异之饶富趣味的对照省思。

首先，是创作出现代人所承受之巨大生活压力的梦境的卡夫卡。卡夫卡(F. Kafka，1883—1924)，捷克籍的德语小说家。出生于布拉格的一个犹太商人家庭，一生困顿，3 次订婚，3 次退婚，终生未娶，41岁死于肺结核。

卡夫卡的父亲是一个毫无温情可言的暴君，其粗暴刚愎的性格，迫使卡夫卡自幼到大都生活在专制父亲的阴影中，造就了卡夫卡一生孤僻忧郁而内向悲观的性格特征。1919年，卡夫卡在试图写给他父亲的一封近100页的信中，描述了父亲在他童年时经常以轻蔑的嘲讽和强势的态度左右他的所有，对于他往后的人生带来了不可抹灭的创伤和绝望，让自卑消极又腼腆的卡夫卡变得更加消极，甚至不再说话了。由于过度害怕父亲的威吓，他最终没有勇气将信寄出。

卡夫卡的作品大多描述市井小民的人生经验。他的作品经常是将现实生活的细节和自我幻想的情景交织融合。他著有《变形记》《审判》《城堡》《蜕变》等。

在《变形记》（*The Metamorphosis*）中，男主角格里高尔在一家公司担任旅行推销员，为了替父亲偿还债务而早出晚归，欲送妹妹去音乐学院就学而长年奔波。他辛苦支撑着整个家庭的开销，也因此受到家人的依赖和尊重。一天，格里高尔从睡梦中醒来，突然发现自己居然变形为一条巨大的扭曲的怪虫。他想爬出去赶早班火车赚钱养家，却感到行动十分吃力，言语含糊，完全丧失了劳动能力。当他对这个家再也没有物质的贡献时，家人不仅一反先前对他的尊敬态度，而且开始表现出冷漠、嫌弃，甚至是憎恶的面孔。其后，父亲还恶狠狠地用苹果和棍棒扔打他，母亲则吓得晕倒，妹妹更是疏离厌弃他。身心伤痕累累的格里高尔，最终孤独痛苦地在饥饿中默默地死去。当格里高尔死去后，一家人不仅毫无愧疚哀伤，反而因格里高尔之死而倍感轻松，甚至决定愉快地出游。

这个梦境的寓言代表着现代人所承受着“非人的”巨大思想变形的生活压力，在现代西方资本主义社会的冲击下，一个没有个性标记的人生，不断被社会侵蚀压抑拉扯，既不敢反抗，也无力反抗，直至变形死亡。因为一旦当人的“个体性”与自我心灵被漠视时，就不可避免地与人产生“公共性”矛盾而导致命运的全盘毁灭。

再来是梦到宇宙，同样困惑是否宇宙也梦到了霍金。史蒂芬·威廉·霍金（Stephen William Hawking，1942—2018），英国著名物理学家与宇宙学家，在1998年出版了有关宇宙学的经典著作《时间简史》（*A Brief History of Time*）。霍金因患有“渐冻人症”导致全身瘫痪，无法言语，全身唯一能动的地方仅有两只眼睛和右手食指。

曾有网友询问：“中国古代有个哲学家叫庄子。‘昔者庄周梦为蝴蝶，梦醒后，庄周不知是他梦为蝴蝶，还是蝴蝶梦为庄周。’请问霍金教授，我们如何能知晓我们是生活在梦里，还是真实存在？”

霍金回复道：“庄周梦蝶，也许因为庄周是个热爱自由的人。换作我的话，我也许会梦到宇宙，然后困惑是否宇宙也梦到了我。”他还进一步表示：“我们如何得知我们究竟是生活在梦里，还是真实地存在着？嗯，我们不知道，而且也许也无法知道。这个问题至少要等到我们开始深刻地了解意识和宇宙时才可知。

因此我们必须孜孜不倦地探索关于存在的基本命题，唯有如此，我们也许才会知道蝴蝶（或宇宙）是真实存在的，还是只是存在于我们梦里的幻觉。”

霍金在应邀参加英国救助儿童会的活动时，亦因为“庄周梦蝶”的灵感启发，亲自设计了自己的“梦想瓶”，放置在伦敦圣保罗大教堂前供民众参观，展示自己对于梦境、现实和宇宙的思考。2017 年 11 月，霍金更是预言了人类可能在 2600 年前就会灭绝。因为随着地球人口的增长，能源消耗将会增加，地球将变成一个“熊熊燃烧的火球”。霍金表示，要摆脱这场灾难，必须去寻找一个适合人类生存的星球。而人类如果还想把自己的存在延长 100 万年的话，就更要无所畏惧地去往自己从未去过的地方。

我是谁我？谁是我谁？庄周梦蝶，以美启真；形体空间，诗意栖居；生死一贯，日夜如常；喧嚣浮世，逍遥究竟。

“庄周梦蝶”中，梦中的蝶与觉中的庄周，究竟谁才是主体？对于这个问题，庄子并没有作出进一步的追问，其关键点是“物化”二字。从本体论的角度来看，庄周和蝴蝶是两种截然不同的存在形态，这便是庄周言之的“则必有分矣”，但这对于庄子而言，看似截然不同形态的个体之间并无扞格不变的鸿沟。扬弃分裂的存在形态，能在彼此超越间转化，最终在分而齐之的视域中达到了物我为一、天人合一的理境。

而你，对的，是你，就是你，今天的你，“庄周梦蝶”了吗？

唱和呼应

昔者庄周梦为蝴蝶，栩栩然蝴蝶也，

自喻适志与，不知周也。

俄然觉，则蘧蘧然周也。

不知周之梦为蝴蝶与，蝴蝶之梦为周与？

（吴青峰作曲，吴青峰、夏宇作词，苏打绿演唱《各站停靠》）

第六章 鼓盆而歌

第一节

心中求定，安时处顺

故事引导一　跨越礼教之曝裈当屋

刘伶恒纵酒放达，或脱衣裸形在屋中，人见讥之。伶曰：“我以天地为栋宇，屋室为裈衣，诸君何为入我裈中？”

（《世说新语·任诞》）

与阮籍、嵇康、山涛、向秀、王戎和阮咸并称为“竹林七贤”的魏晋时期名士刘伶，经常纵情饮酒，豪迈洒脱，且任性不拘、标新立异。因为放荡不羁，脱掉外衣，赤身裸体地待在家中是时有之事。外人瞧见了，便讥笑他未免太过放肆情志。刘伶不以为忤地说：“我把天地看作我的房子，把房屋当成我的裤子，你们这些人为什么就非得跑进我的裤子里面呢？如此失礼地钻进我裤子里就算了，居然还莫名其妙不客气地对着我的裸体指责咆哮？”

身高不满一米五，容貌丑陋，“竹林七贤” 社会地位排名最不起眼的就非刘伶莫属了。魏晋名士任诞放达的生活的主要表现方式便是主张言行不必遵守礼法，凭禀性行事，不受任何拘束，唯有如此，才能回归自然，才能成就真正的名士风流。跨越世俗礼教的束缚限制，而以一种新道家的姿态，作为随顺自然的表现，就叫作“越名教而任自然”。

刘伶放肆情志，嗜酒如命，言道：“我以天地为栋宇，屋室为裈衣，诸君何为入我裈中？”跨越礼教、疏放不拘的“曝裈当屋”就是从这而来的。姿态潇洒，不受羁绊，敢以行动作为对当时虚伪礼教的反抗。究其实，表面看似蔑视礼教，不从礼法，可内心是不安不忍“真”礼教被轻视践踏，“假”礼教却变相地大肆流行。看似对世局漠不关心，刻意呼酒买醉，追求玄远，其行为背后是深层的社会关怀和积极的反抗精神。“荣辱何在，贵在肆志。”因为礼法的虚伪化，所以排斥乡愿而矫激狂狷，时代扭曲让人身不由己，只能求其心境转化，只好放肆情志，以调和万物。

“致虚极，守静笃。”心灵持守着虚和静的笃定状态，自我约束，保持距离，以策安全。运用客观心态来观察事物循环往复的规律，代表了老子的思想。可到了战国中期庄子的时代，已不可能在安静中保持距离了，所以庄子必须在心随境转的条件下，既要让自己顺应时代的变化，又要使自己不受任何的干扰和伤害。“魏晋之美，美在深情。”刘伶任诞行为的目的，是要摆脱陈腐礼教外形的伦理束缚，将道德灵魂重新构筑在风流率真之中，便是世间真实自然的存在，进而领会魏晋名士的内涵，返璞归真而与天地合一自自然然地真正逍遥。

故事引导二 笑纳自然礼赞

从前有位老婆婆育有两个女儿。女儿长大后，一个嫁给卖伞的，一位嫁给卖米粉的。老婆婆却没一天是不对着天空哀叹哭泣的。因为每逢天晴之际，老婆婆因担心大女儿的伞销不出去而悲伤难过；每遇雨天之时，又因忧虑小女儿的米粉不能晒干而放声痛哭。

一天，镇上来了一位和尚，见老婆婆仰天长叹，如此悲伤，便细问原因。和尚听了老婆婆内心的苦楚后说道："天晴时就开心小女儿的生意兴隆，雨天时就欣慰大女儿财源滚滚，人生至乐，夫复何求？"老婆婆听了和尚的话后，终于破涕为笑，从此微笑地望着头顶上的天空，快乐并感恩地生活着。

一个人要了解自己的限制，才能发挥自己的能力，心转境转，换个角度思考，结果便大大不同。如同面临人生的苦难，你把它看成是上天对你的考验，笑纳自然礼赞，不怨天尤人，通过努力修行，亦能修成正果。因为不管天气如何变化，总有一人会受利，总有一人有损失。不愿转念换位思考，老想着另一人的委屈不幸，便是庸人自扰。阳光好美，雨天不错，随遇而安，泰然若素，生活的最高境界便是接受现实，乐在当下。

理想主义身边经常伴随着虚无主义。当一个人的理念过强、理想太高，不能变为现实，便不免陷入极端的偏激。若能抛掷非可非不可的执念、好与不好的预设，便能从容愉悦地生活。

接受安排，顺应变化，明白世间规则的变化，又不被其规则变化所困所扰。

尤有进者，笑纳自然礼赞，既来之则安之，既处之则顺之，由安时而处顺，则哀乐不能入也。是阳光普照还是阴雨连绵的天气变化，我们无法用任何客观情势去改变事实，却可以改变对于命运的态度，因而在价值意义的转化中因了解而得以超越，汲取安身立命的适意，来作为提升生命能量的丰富智慧。

故事引导三　虽死犹生，生不如死

庄子之楚，见空髑髅，髐然有形。撽以马捶，因而问之曰："夫子贪生失理，而为此乎？将子有亡国之事、斧钺之诛，而为此乎？将子有不善之行，愧遗父母妻子之丑，而为此乎？将子有冻馁之患，而为此乎？将子之春秋，故及此乎？"于是语卒，援髑髅，枕而卧。

夜半，髑髅见梦曰："子之谈者似辩士，视子所言，皆生人之累也，死则无此矣。子欲闻死之说乎？"庄子曰："然。"髑髅曰："死，无君于上，无臣于下，亦无四时之事，从然以天地为春秋，虽南面王乐，不能过也。"庄子不信，曰："吾使司命复生子形，为子骨肉肌肤，反子父母妻子闾里知识，子欲之乎？"髑髅深矉蹙頞曰："吾安能弃南面王乐而复为人间之劳乎？"

（《至乐》）

庄子刚到楚国，在荒郊迷路了，看见路边草丛里有一副形骸已近枯槁的骷髅头。庄子用马鞭敲击着骷髅，问："这位先生，你是贪图生存享受，违背世间常理，才落得如此下场的吗？是因为遭逢灭国、惨遭杀戮，才落得如此下场的吗？是因为作恶多端，担心使父母丧德，让妻儿丢脸，才落得如此下场的吗？是因为挨饿受冻的苦难灾祸，才落得如此下场的吗？还是因为你时不我予的大限到了，才落得如此下场的吗？"说完了这些话后，庄子顺手拿了骷髅头当作枕头，便倒头大睡了。

半夜，庄子梦见骷髅头站在他的面前，笑脸盈盈地对着庄子说："听你说话的口吻倒颇像个读书人。不过你所问的那些话语全都是活人的麻烦事，人一旦死了，根本不会出现这些麻烦事。你想不想听一听关于死人的事呀？"庄子答说："好呀，愿闻其详。"骷髅头说："人一旦死了，上没国君，下无臣子，也没了四季该要打理的所有事情了，自由自在地和天地万物并生共存，即便是拥有了能够像南面称王的快乐，也无法超越它呀！"庄子满脸狐疑，语带保留地说："我若让司命官恢复你的形体，还原你的骨肉肌肤，还给你父母妻子和乡亲故旧，如何呢？你不想要恢复作为人类原来所拥有的一切人事物吗？"骷髅头听了之后，收敛笑容，愁眉深锁，沉痛且忧伤地说："我好不容易死掉了，又怎么能够放弃掉南面称王的自在快乐，而重返人间再去辛劳受累呢？"

以上富有幽默讥讽的答辩，是因为骷髅头深谙"善吾生者，乃所以善吾死也"。死生是无法改变的命定，必须从存在提升转往精神上的超越。如果生是值得欣喜的事，那么就应该将死也同样看作值得欣喜的事情。颠覆了常人对于生存的恋栈及死亡的恐惧，从而领悟到生和死是能够有着不同转化选择的反思意义。暴君横虐，诸侯割据，烽火连绵，朝不保夕的种种生存压迫，正是庄子所历经的。世道难为，现实充斥着苦痛曲折，还得艰辛地去承担日常所必须实践的社会责任。活着仍逃不过生不如死之痛苦，遂转往精神的高度延伸、超拔乃至解脱。以死的无限性来讥讽生的有限性，坦然面对死亡无常之恒常，从而成就泯灭生死、超越苦乐时空限制的臻善境域。

在现实生活的世界里，“身”与“生”是拥有和掌握权势名利欲望的表征。莎士比亚说：“有钱的人就好像是一头驴子，驼着沉重的金币走完一生。”又，对于死后最为敏感的“鬼”字，《说文解字》解释为“人所归为鬼”，《尔雅·释训》则说“鬼之为言归也”。也难怪骷髅头认为，人死了便是远离现实，自我回归，变迁循环至上没国君、下无臣子的境界，没了所有的所有，便可快乐自在地和天地万物并生共存。相对于死所赋以其复归本原，回返天然的“反其真”，以平常心的独特方式作为适当得度。虽死犹生矣，生倒不如死也，死竟是如此痛快而美好。也难怪哀莫大于心死的骷髅头再不愿重返人间成为追名逐利的奴隶。

第二节

人之在世，安之非若丧耶？

原文对焦

庄子妻死，惠子吊之，庄子则方箕踞①鼓盆而歌②。惠子曰：“与人居，长子老身③，死不哭亦足矣，又鼓盆而歌，不亦甚乎！”庄子曰：“不然。是其始死也，我独何能无概④然！察其始而本无生，非徒无生也而本无形，非徒无形也而本无气。杂乎芒芴⑤之间，变而有气，气变而有形，形变而有生，今又变而之死，是相与为春秋冬夏四时行也。人且偃然⑥寝于巨室⑦，而我嗷嗷然⑧随而哭之，自以为不通乎命，故止也。”

（《至乐》）

注释：①箕踞（jī jù）：盘腿而坐，其形如簸箕。 ②鼓盆而歌：敲击瓦盆作歌唱之拍节。盆，瓦缶，古乐器。 ③长子老身：为倒装句式，孩子长大，身体老迈。 ④概：慨叹、哀伤之意。 ⑤芒芴：恍惚。 ⑥偃（yǎn）然：安息的样子。 ⑦巨室：比喻天地之间。 ⑧嗷（jiào）嗷然：哀哭声。

庄子的妻子死了，惠子前去吊丧，看见庄子正蹲坐着，一面敲盆，一边歌唱。

惠子说：“妻子与你结发生活，为你生儿育女，并将他们抚养成人，如今年老去世，你不悲伤难过也就算了，居然还边敲盆边唱歌，这个样子是不是太过分了呢！”

庄子回答说：“不是你所想的这样的。当她刚去世时，我又怎么会不哀伤难过呢？在哀痛之际，我思前忖后，忽然察觉到妻子在起初时根本就是处于无生命的状态，不但没有生命的状态，而且根本连个形体都没有；不但没有形体，而且一丝气息也都没有。在若有似无的恍惚之际，形成了气，由此一气变化出一个形体来，再由此一形体变化出生命。而此刻她的生命又变回到原来的死亡，如此这般迎生送死、生来死去的变化，就好似春夏秋冬四季的运行一样。我妻子如今已宁静安详地栖息在天地之间，我却还在这边哭哭啼啼地哀恸难舍，我认为如果再这样继续下去，便是太不通晓生命所赋予的伟大道理，我因为明白了这个缘故，所以才会停止了哭泣呀！”

生离死别是人生最难堪破的至大关卡。人生艰难唯一死，从没有人逃得过死亡所带来的焦虑、恐惧以及伤痛。西班牙哲学家乌拉木诺说过：“从前害怕死亡是因为死亡让我们感到孤单，忧心‘我们’二字被彻底拆解掉了。”因为一旦面临“死亡”，从前拼命努力所建立的一切关系即将全面瓦解。“死亡”在日常语境中代表着“去世”，而与“在世”相对，不仅是生命的告终，亦代表着参与的社会活动终将被迫停止，崩解了辛苦建立的“我们”，吞噬掉绵延持续的“生活”。可柏拉图却持不同的看法：“从来就无人知晓死亡对人而言是最高的祝福还是最大的诅咒，可人们却过度担忧并径自将它视为最大的诅咒。”

死生有命，这是一个存在的事实，人生在世的最末一关，无法依恃任何客观的情势作为扭转。既然来到人间无法自我主导，只能是被抛掷的偶然机缘；那么相对地，离开人世亦是无所逃的必然结局。来是偶然，去是必然。死亡便好似瓜熟蒂落般自自然然，洒落一地的种子，萌了芽，长成茁壮，开花结果，灿烂一生，美好一世，最后再回归大地。生来死去，自自然然，不起执着，不生分别，不设好恶。最终，无边无际、无常无名之苦痛烦恼，便无法驻足于所有形式上的心头念想了。

生命的意义并非仅止于外在之形的“生”，更应指涉内在精神层面之“形”，形随境转，形变形化而为之“死”，生命由此自然自在地轮转运行，“死”也就不再是如此悲惧不透的字眼了。据西方的说法，死亡像是演戏之后的落幕，亦像是个通道，通过死亡而到了不同的生命境界。

未知生，焉知死，谁又能清楚死后的世界是不是比我们自以为正在活着的世界更加美好呢。如此看来，顺应自然地生便不会执着于死，如果将这个“死”字都给消解掉，那么死不再仰赖生来制造，生便不会依恃死作结束。生死一贯，一贯生死，不把死亡阴霾牢牢惦记而忽略了朗朗阳光的生存灿烂。于是，生命历程虽状似终结，但此生的美好总会在不会消失的那端而永恒地存在着。

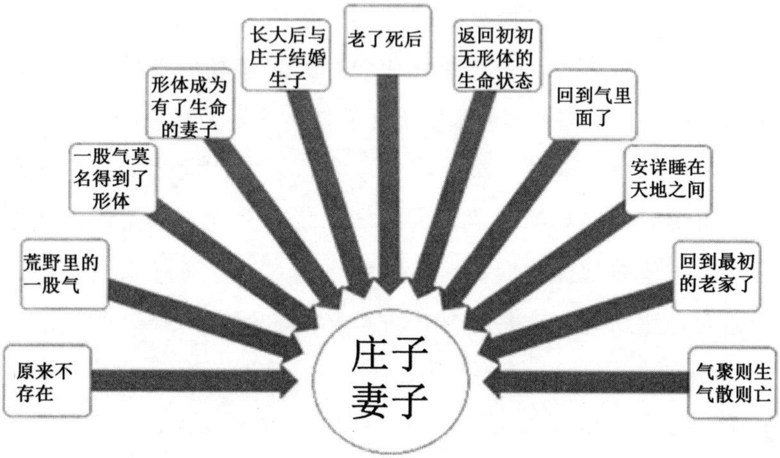

就庄子的说法，庄子的妻子原来是不存在的，始自荒野里的一股气，而这一股气莫名得到了形体，此一形体成为有了生命的妻子，妻子长大后便与庄子结婚生子，老了死后再返回原初无形体生命的状态，回归到初始的气里面了，安详自在地睡在天地之间，庄子妻子终究是回到最初的老家了。“气聚则生，气散则亡。”换言之，“人之在世，安之非若丧耶？”“若丧”是自幼流落他乡之意，意思是人活在世上，你又怎么知道那不是年轻时候的离家出走呢？

莎士比亚说过：“在时间的大钟上，只有‘现在’二字。”努力在能够把握当下的有限生命中，如何不负光阴活得真实而充实，便能死得快乐而无憾。形体只是暂居的过客，所以面对死亡，只能说是“化”，而非死。何谓“化”？是此“身”在生死之间的转“化”中形“化”了。“人之在世，安之非若丧耶？”离家出走后，最后仍须返回初初来时之地。过客终将是归人。形化中的化，便是形体生命跟着春夏秋冬的四季运行，而返回初初到来的大自然的老家。如此一来，面对妻死的庄子，其心早已超拔于生死之上，顿悟了死亡等于回家之理，所以庄子不再伤感悲恸，转而敲盆助兴，最终以欢送的姿态来祝愿他的妻子一路顺风。

第三节

如如来之，如如去之

精神主旨

> **天地棺椁，日月连璧；星辰珠玑，万物赍送。**
> **生之天行，死之悬解；生不足恋，死又何惧？**
> **乘物游心，乐乎逍遥；未始有物，无物不道。**

光从学生们欲厚葬庄子一事，便能知悉庄子不仅对于现世的功名利禄视如敝屣，而且对传统礼法制度也是不屑一顾的。按传统的礼法制度与习俗，丧葬可说是一件大事。根据文献记载和考古发现，战国时期还存在着野蛮的殉葬制度，贵族富豪死后仍用大量的珍贵物品随葬。其棺椁、连璧、珠玑、赍送，皆是古代丧礼的必备物品。庄子把天地视为棺椁，将日月当作连璧，把星辰看作珠玑，将万物用以陪葬。活着的时候随任天体自然的运行，死去的时候更是化解掉人世间的所有束缚。天地万物皆生于道，人生于道而死后归于道，所以乐生恶死实在没必要。既然生不足恋，那么死又何以惧之？尤其是仍醉心于幻想死后还能享受生前快乐的世人，岂不愚蠢至极！

古人的最高智慧，就是能够了解到何谓“未始有物”，就是万物从来不曾真正地存在着。世事变化一如沧海桑田，如果从生前死后来看，人的存在不也像是没有具体存在，而是暂时过渡的阶段吗？换言之，若能超脱凡尘俗世，顺任自然规律，解放精神自由，便能无拘无束地乐在其中。而庄子的快乐就在于他从不让自己陷溺在人间相对的一种偏颇的价值观里面，而是透过觉悟到道是一个整体，天人合一，天地一体，生命在整体里面从来就没有损失消散，又何来难过之有？正因为有着这样豁达的生死观，所以认识到生命存在之前本是无生命的状态，生命存在之后依旧是无生命的形态。似在恍惚之际，形成了气、形、体、命，命逝之后，又回归于气。形聚为生，形散则死。尘归尘，土归土，生死一如昼夜更替，不过是宇宙循环、天地演化过程的种种自然现象。

反思讨论

（一）“鼓盆而歌”反映了怎样的生命特质和处世态度？

（二）面对亲人的离世，你认为庄子的行为值得效法吗？

人生到了最后，需用什么样的心情，该用什么样的姿态，要用什么样的方法跟这个世界挥手说再见？好好整理人生，好好面对这个渡口，好好走向最后的渡口，好好地为自己寻找一条船，好好地为自己微笑送行。

如如来之，如如去之。“如如”来自佛教语，意指永恒存在的真如，引申为永存常在。用白话解释就是随顺自然，应当如何就如何，该怎么样就怎么样。如如来之，如如去之，一切皆是因缘和合，从哪里来便往哪里去。领悟从来就不是得到，便不再执着于失去，不恋栈于生，又何惧于死。生是死的延续，死乃生之开端。没有生死，只有变化。把生都给放开了，死便没了立足空间，也只能是消失于无形无迹之中了。如此一来，便能够同情人的有限性，让遭逢挫折伤痛的人得到理解，给出安抚，获得希望，最终引领他走出桎梏的有限，朝向永续生命的无限。

唱和呼应

长亭外，古道边， 芳草碧连天。 晚风拂柳笛声残， 夕阳山外山。 天之涯，地之角， 知交半零落。 一壶浊酒尽余欢， 今宵别梦寒。	庄子妻死，惠子吊之， 箕踞鼓盆而歌。 察其始本无其生， 亦本无形无气。 杂乎芒芴，气形生， 今又变而之死。 春秋冬夏四时行也， 偃然寝于巨室。

（作曲，约翰·庞德·奥特威作曲，李叔同作词，朴树演唱《送别》）

第七章 濠梁之辩

第一节

不假悖论的移情效应

故事引导一　全能的律师和上帝

律师的官司

甲大律师收了一个徒弟乙，并矢志要将他培育成才。甲大律师为了让乙徒弟心无旁骛地专注于学习，所以承诺乙，在他成为律师后，在法庭上打赢第一场官司时，再将过往的学费全额付清。于是，乙便开始夜以继日地虚心学习，最后终于成为了一名律师。

甲殷殷期盼，却迟迟不见乙将学费汇入户头，忍无可忍，一气之下便控告了乙。没想到乙不仅不当回事，还云淡风轻地说道："甲尽管放马过来吧！假使我赢了这场官司，我既然都打赢甲了，又何须付给甲任何费用呢？再说了，要是我真的输了这场官司，我既然都输了，便表示我没打赢官司，官司我都没打赢，那么我又何须付给甲学费呢？哈哈！总而言之，结论就是：不管我是否打赢官司，我肯定都无须支付任何学费的。"

甲听了乙的说辞后，不仅没有勃然大怒，反而开心地响应道："乙尽管装疯卖傻吧！假使我打赢了这场官司，既然我都打赢乙了，乙肯定得支付我全额学费的。再说了，要是我真的输了这场官司，我既然都输了，便表示乙赢得了这场官司，那么这家伙便得兑现在法庭上打赢第一场官司时，需将学费全额付清的承诺。哈哈！总而言之，结论就是：不管我是否打赢官司，乙肯定都得老老实实地将欠我的学费给全额结清的。"

全能的上帝

基督教的教义中，至高无上的神所代表的是全能全知的上帝。

于是，一位无神论的智者问道："既然您说上帝是全知全能的，那么，如此全能的上帝能否创造出'一块连他自己都搬不动的石头'呢？"

如果教廷回答说"能"，那么，既然连上帝都无法搬动他自己所创造的那块石头，可想而知，这个上帝其实并非是所谓的"全能全知的上帝"。

如果教廷回答是"不能"，那么，如此全能全知的上帝，居然连这么一块他自己都搬不动的石头都创造不出来，又何以配得上"全能全知的上帝"这样至高无上的荣誉呢？

悖论的矛盾

何谓悖论？悖论，亦称为"吊诡"或"诡局"，是指一种导致矛盾的命题。通常从逻辑上无法正确判断对错，有时违背直觉的正确论断亦是。换言之，表面上同一命题或推理中隐含着两个对立的结论，而这两个结论皆无法自圆其说即属悖论。

悖论的抽象公式即若事件“A”发生，则推导出“非 A”；或“非 A”的事件发生，则推导出“A”。悖论是命题或推理中隐含的思维之不同层次、意义内容和表达方式、主观和客观、主体和客体、事实和价值的混淆及思维对象的不对称。因此，所有的悖论皆是因为逻辑思维方式无法发现、解释和解决而产生了逻辑错误。

以律师的官司及全能的上帝而言，因问题的结构不良，限制条件不严谨而导致矛盾，其后又不正确地推导问题而造成了悖论的产生。换言之，一个问题的命题必须考虑其命题本身在逻辑上是否成立及能否履行的要件，其问题的可能性才得以成为可能。反之，便是矛盾词语组合的存在及不具意义的句子。

故事引导二　相看两不厌，物我皆妩媚

我见青山多妩媚，料青山见我应如是。（辛弃疾《贺新郎》）

我远望那青山的姿态，是如此的俊秀可爱，猜想着当青山在看我的时候，应该也是如同我这般的心情吧！作者将其深情投注于自然，人与青山相知相契，审美主体的感情契入了客体，于是主体感受借由客体形象来作为揭示物我合一的内在情感。

忧者见之而忧，喜者见之而喜。你怎样观照世界，世界也会以同等的姿态作为回应。当我觉得开心、感到快乐，看世界

的眼光便不自觉由衷地赞叹，万事万物尽是生命饱满的正面能量。假定你觉得忿狷、感到悲戚，看世界眼光便不自觉由衷地哀叹，万事万物尽是充斥生命的负面能量。换言之，以“同”的视野来欣赏世界，整个宇宙万物皆是一体；反之，若以“异”的眼光来观看世界，整个天地万物都是疏离。

王国维认为“以我观物，故物皆着我之色彩”。心境一经产生，将使人的体验和活动都感染着情感色彩，这是生命主体的证言、天地自然的礼赞。悠悠宇宙，心灵触动，以情喻景，以景诉情，情景交融。只要当下被感动，刹那间所有的美好便能全然朗现。于是花将幸福地舞动，鸟会优雅地啁啾，鱼能快乐地优游。最后，当物我合一，主客对应，我眼中有你，你眼中有我之际，才能于物我相看两不厌之中而得到了心神领会的浪漫体悟。

第二节

才下眉头之知，却上心头之乐

原文对焦

庄子与惠子游于濠梁[1]之上。

庄子曰：“鯈鱼[2]出游从容，是鱼之乐也。”

惠子曰：“子非鱼，安知鱼之乐？”

庄子曰：“子非我，安知我不知鱼之乐？”

惠子曰：“我非子，固不知子矣；子固非鱼也，子之不知鱼之乐，全矣。”

庄子曰：“请循其本[3]。子曰‘汝安知鱼乐’云者，既已知吾知之而问我，我知之濠上也。”

（《秋水》）

注释：①濠梁：濠水的桥上。濠，水名，在安徽凤阳县。梁，桥。 ②鯈（tiáo）鱼：白鱼。 ③循其本：寻求其本源。

庄子和惠子在濠梁上漫步游览。

庄子说："你看水中的鱼，从容地游来游去，真是快乐啊！"

惠子说："你不是鱼，哪能知晓鱼是不是快乐的呢？"

庄子回复："你又不是我，又怎么会知道我不懂得鱼的快乐呢？"

惠子争辩说："我不是你，当然不会明白你懂不懂得鱼的快乐；可你也不是鱼，所以你也绝对不可能知道鱼到底快不快乐，我这样说明解释，还不够明白清楚吗？"

庄子回答："让我们回到问题的起点吧！你问我'你怎么知道鱼的快乐'这句话时，显然你已知道我知道鱼的快乐才来问我的，现在让我来告诉你，我的这些感受可都是在这濠水的桥上才得以体悟到的啊！"

观点探析

针对庄子和惠子两人立场迥异的论述，为了让读者迅速理解并掌握其要点，以下采图表的方式，逐句剖析濠梁之辩的精彩对话。根据他们所持的价值观及中心思想，来作为我们观赏名道友朋精彩对辩的悟道境界。

（一）庄子曰："儵鱼出游从容，是鱼乐也。"
庄子的体会： 天地与我并生，万物与我为一。天地合一，物我一体，感同身受。庄子快乐，看鱼出游从容，也是快乐。我乐鱼乐，一乐皆乐，同感快乐。
（二）惠子曰："子非鱼，安知鱼之乐？"
惠子的理解： "不同种族"不能相知；"不同个体"无法相契。 惠子已经有了只有鱼才知道"鱼之乐"的预设（鱼类才了解鱼类），因为"不同种族不能相知"，所以"庄子不可能知道鱼的快乐"。 庄子"非鱼"，所以庄子无从知晓"鱼之乐"（庄子不是鱼，如何知鱼乐）。换言之，庄子也只能是知道庄子自己的感受。
（三）庄子曰："子非我，安知我不知鱼之乐？"
庄子的回应： 根据惠子提到了不同个体无法相契，那么你（惠子）也不是我，"你和我也不同呀！"既然你不是我，你又怎么会知道我不知道鱼的快乐了呢？在这里，庄子没有直接回答他是怎么知道鱼是快乐的，而是反过来质疑惠子提问的前提可能得出矛盾的结论。 换言之，从惠子的叙述推论来看，那么惠子也不是庄子本人，同样地，也不能感受庄子的感觉。 结论：惠子不是庄子，怎么得知庄子不知鱼乐。
（四）惠子曰："我非子，固不知子矣；子固非鱼也，子之不知鱼之乐，全矣。"
惠子的意思： "我是不知道你不知道鱼的快乐"，因为"不同个体无法相契"。既然"不同种族不能相知"，你（庄子）又不是鱼，所以"你（庄子）是不可能知道鱼的快乐的"。 结论："庄子"和"鱼"既不属于同一种族，也不属于同一个体，如何能够相互了解，何以能够感知鱼的感受？

（续表）

（五）庄子曰：“请循其本。子曰‘汝安知鱼乐’云者，既已知吾知之而问我，我知之濠上也。”
庄子的辩解： 请让我们回到问题的原点吧！ 你问“我怎么知道的”这句话时，就表示你不是我而能知我知鱼乐，否则你根本也不会问我这个问题了。 既然你不是我而能知道我知道鱼乐，那么我当然也可以知鱼乐了呀！ 换言之，你肯定预知我可以听懂你的话，你才会发问。既然“人”“我”可以相知，“物”“我”为什么不能相知呢？ 尤有进者，你已经认同了“人”“我”可以相知，那就等于承认“物”“我”也可以相知。如此一来，我可以知鱼，鱼当然也可以知我呀！ **结论：关于我的这些感受，可都是在这濠水的桥上才得以体悟到的啊！**

由濠梁之辩可知庄子在文中泯除了物我二元对立的紧张，化解掉了大小、优劣、贵贱、是非、彼我相对关系中的分别比较，呈现出浑然一体的状态，进而达到天人合一的境界。无怪乎带有艺术家的感性的庄子站在桥上的当下，便能由衷地感受到濠梁之下出游从容的鱼乐。

反观名家惠子，是站在直视的角度，用怀疑的精神，以逻辑家的思维，作出客观知识的分析与判断。物我二分，区别了彼我不同，区隔了人鱼相异，进而作出了不同种族、相异个体无法相知的批判。

综观庄子和惠子之间的辩论，若从认知层面来看，两人立场、观点不同，难分轩轾；若从欣赏事物的美感较之，两人性格、心态各异，难分胜负。换言之，以理性客观的惠子对上了感性主观的庄子，濠梁之上的观鱼感受，频道不同的两人，互有体会，也无怪乎才下眉头之认知的惠子，无法意会却上心头之乐的庄子了。最终，濠梁之辩的名、道两家，皆启示我们能够以多元思维去理解事物，从而扩大了我们的视野，打开了我们的心界，而不必非得陷入胜负、是非、高低、对错之境的矛盾泥淖里。

因其派别立场，庄子和惠子之间的观点便大相径庭。素有三寸不烂之舌的惠子以其客观逻辑思维来质疑庄子，偏偏杠上了得理不饶人，向来就非省油之灯的庄子，这一论辩的精彩画面，想当然尔，庄子肯定祭出以子之矛攻子之盾的招数。乍观对话，感觉口若悬河的惠子竟出其不意且不解风情地找庄子的茬。可仔细推敲，又发觉狡狯的庄子并无意在惠子的问题下作出解决人的意识和对象的关系的实质响应，反而颇富心机地偷改了两人对话的命题。即惠子原来的问题是庄子“何以知道”鱼之乐？而被庄子巧妙换成了惠子肯定“早已知道”庄子知鱼之乐。看似诡辩的庄子和不再陷入悖论及无限重复循环论证的惠子，留给后世的我们也以其不同理解的观感，而给出对错胜负标准不一的精彩评价。

在前章《樗栎之材》中，谈及了“周将处材与不材之间”的有用无用，材与不材，皆要在天时地利人和之际，作出当下最有利情境的判断。观鱼之乐，庄子以感性的主体心灵，从而进入了鱼我相知、物我合一的主观艺术体会，达到当下存在的审美境界。惠子则否定感觉经验，用区分客观的事实条理、纯粹的思辨思考，而判定不同种族无法相知，不同个体不能相契。

试着跳脱名道各异立场的观鱼之辩，换个角度观之，以下这则《报考外交官》的网络笑话，又是一个背离传统的颠覆性思维。它不同于濠梁之辩的各抒己见，也不是见风使舵的随声附和，而是别出心裁的莞尔对话、另辟蹊径的换位思考，不仅守正出奇，出奇制胜，到了最后，还收到了令人意外的结果。

考官：听说你在家打老婆孩子？

阿庄：他们以前连饭都吃不饱，现在生活条件已经改善了很多。

考官：我是问你打过他们吗？

阿庄：我们家的发展成就是全村人有目共睹的。

考官：我没问你那些，我就问你打老婆孩子了吗？

阿庄：老婆曾经打过小孩，但是没打掉。

考官：我没问你那些事，我就问你有没有动手打老婆孩子？

阿庄：老张家打老婆孩子你怎么不问？

考官：我问的是你，在家打老婆孩子吗？

阿庄：你们家历史上有没有打过？据我调查你太爷爷一百多年前打过老婆。

考官：我现在问的是你，打老婆孩子了吗？

阿庄：我已经把不打老婆孩子写进了家规。

考官：那你按照家规去做了吗？

阿庄：家规是我们家的内政，别人无权干涉。

考官：你到底打老婆孩子了吗？

阿庄：我谴责打老婆孩子的行为！

考官：我就问你打老婆孩子了吗？

阿庄：你提这种问题是不负责任的。你去过我们家吗？我邀请你去我家做客，亲眼看一看。

考官：我就问你打老婆孩子了没？

阿庄：我可以告诉你，最了解我们夫妻关系的人不是你，是我和我的家人。我有发言权，你没有。

考官：你到底打没打过？

阿庄：你的这个问题充满了对我家的偏见和不知道哪来的傲慢，我们家欢迎一切善意的建议，但是拒绝任何无端的指责！所以请你不要再有这样不负责任的提问！

最后，全体考官兴奋鼓掌，并异口同声地说：你通过了！最最称职的外交官非你莫属！

第三节

相知相契的物我合一

精神主旨

物我消融无差无别，体道心灵当下感应。

精神美感超然自适，一乐皆乐至乐逍遥。

道家思想认为以道的立场来看，人和物是齐等的，故在庄子的美学感知中，不必倚附一个特定的对象，因为对象只是主体心灵境界中的一种寄托。所以在观鱼之乐的视域里，此“乐”不尽然是来自于“鱼”而生其乐。对于鱼自身而言，当然有它本身的感知层面，庄子只是把当下心灵触动的有感心情寄托在鱼的身上，借由鱼来道出庄子心中的乐罢了。物我合一的“物”，可以是鱼，也可以是视野所见、心有所感的万事万物，是一种相知相惜、互有默契的移情作用，是物我消融到无差无别，因而使得体道的心灵当下有所感应。

人的精神在获得解放的移情保障时，心灵便可优游于无限的自由境域，生命便能获得艺术的美感体验。换言之，只有在打破物我对立、差别妄见，精神美感才能涌现，精神美感一旦涌现，便能以同情的态度来体悟刹那即美好的超然自适。感觉到自己是个快乐的人，就是最快乐的人；反之，感觉不到自己是个快乐的人，就是离快乐最远的人。于是，在万物融合于道体之际，可以一乐一乐，能够万物快乐，渐而达到至乐逍遥的心领神会。

筌者所以在鱼，得鱼而忘筌；蹄者所以在兔，得兔而忘蹄；言者所以在意，得意而忘言。吾安得夫忘言之人而与之言哉！

（《外物》）

捕获了鱼就该忘掉渔网，捕捉了兔子就应丢弃捕兽的器具，意思是一旦意会了语言文字所要表达的意境要旨，便能抛掷语言文字所带来的制约，无所罣碍，逍遥自在。

人的生命自有其无限的可能性，因此对于一切的可能性必须予以尊重。筌是捕鱼的工具，蹄是捕兔的工具，得鱼忘筌，得意忘言，事成之后，就该忘却借以借力使力的成功手段。就好像言语是表达意义的，意义沟通完成后，就该将言语忘在一边，成就得道忘知的功夫。“哲学，是想用有限度的语言，去表达无限度的宇宙。”庄子对于自由与认知的坚持，最终目的就在于消解人为的桎梏。思维的飞驰，也只有在人的精神获得解放之后，才能得到真正的保障。唯其如此，人的意志才能优游自在地翱翔于认知的天空，达于得道忘我之物我合一。

反思讨论

以日常经验出发，相较之下，谁的观点最富情采?

庄子：既可自知，又能知他。

惠子：仅能自知，无法他知。

为何庄子能够感受到鱼之乐，而惠子却不行呢？这是因为心灵境界相异的缘故。庄子入无待之境，深切体悟鱼之乐。而惠子依其分别之知，区隔了人鱼、物我，也就是处于二元对应的关系之中。心灵境界因此而有所不同。

庄子的观点是人既可自知，又能感知其他事物；而惠子的观点则是人只能自知，不能他知。庄子偏于美学上的观赏，重视同，认为人与物可以相通；惠子着重知识论的判断，重视别，认为人与物无法沟通。不同的认知态度，是由于他们性格上的相异，庄子具有艺术家的风貌，惠子则带有逻辑家的个性。

由下表便能更清楚地理解道家的庄子和名家的惠子思想见解的差异。

惠施	庄子
名家	道家
客观认知	主观感受
理性	感性

（续表）

力辩求真	巧辩尚美
实事求是的纯粹思辨	移情作用的心灵感应
重视知识探讨，逻辑家的个性	不假文字推理，艺术家的特色
区分名实	物是齐等
不同种族，相异个体，无法相知	得鱼忘筌，得意忘言， 得道忘知之物我合一
蔽于知	得其道

名家苛察缴绕，使人不得反其意，专决于名而失人情，故曰“使人俭而善失真”。若夫控名责实，参伍不失，此不可不察也。

（司马谈《论六家要旨》）

惠施是名家代表。名家过分严格，有繁琐重复的概念名称，又不让人持反驳意见，结果专注于概念名称而失去了一般常理，使人容易迷失事物真实的一面。所以说“它会使人受约束而丧失了真实性”。至于循名责实，要求根据名分和实际进行比较，以至不会造成错失遗漏，这种主张亦是要认真考察的。

惠子善于理性思考，好辩、重分析，对于事物有追根究底的认知态度，重在知识的探讨，有逻辑家的个性。一力辩，一求真，一拘泥，就事论事，觉得不同种族不能相知。“濠梁之辩”中，惠子认为鱼和人非同类，无法相互感知彼此的感觉，人无法感知鱼是否快乐，同样地，也不会将自己的快乐移转到外物之中，故持此一观点来质疑庄子，层层逼问他是如何能够得知鱼之乐?

整个论辩的过程中，惠子始终保持理性且有条理地运用语言逻辑，推论得到这样一个结论，也就是不同种族，相异个体，绝对无法相知互解。由于这种确定性并非感觉经验所能提供，而归于纯粹思考，因此鱼乐的境界没有逍遥，不再自在。直视事实原状的态度，汲汲索问如何知鱼乐的问题，结果反倒被其“知”所蒙蔽了。

庄子是道家代表。道家思想认为从“道”的立场来看，人和他物皆是齐等的，因此庄子会说他能感知鱼的快乐。庄子的观点是人既可自知，又能感知其他事物；而惠子的观点则是人只能自知，不能他知。庄子偏于美学上的观赏，惠子着重知识论的判断。迥异的认知态度，是由于他们性格上的相异：庄子具有艺术家的风貌，惠子则带有逻辑家的个性。

庄子重视同，认为人与物可以相通，对于外界的认识带有欣赏的态度，将主观的情意发挥到外物上，而产生移情感知的作用，具有艺术家的风貌。一巧辩，一尚美，一超然，求的是一种当下的活泼自在，不假文字推理的真知，因此庄子能于观鱼之中得知鱼之乐处。

惠子以实事求是、科学辩证的态度，能够区别名实，能够进行理论解析，冷静直观对象，运用怀疑精神，追根究底地将事实还原。庄子则以人鱼、物我的直觉感受来断言鱼乐，以移情效应来托物寄情。从首句“儵鱼出游从容，是鱼乐也”，到末句“我知之濠上也”，物我合一，逍遥自适，一气呵成。是故，以其日常经验出发，庄子、惠子的观点各有所长，难分轩轾。若问谁最富情采，“周将处材与不材之间”。有用无用，材与不材，皆要在天时地利人和之际，做出当下最恰当有利的情境判断。换言之，与其探讨谁胜谁负的问题，倒不如抱持着学习启发的心态，同情并理解他们留给后人的开放性的省思启示。

唱和呼应

一闪一闪亮晶晶，	儵鱼出游从容，是鱼乐。
满天都是小星星；	子非鱼，安可知鱼之乐？
挂在天空放光明，	子非我，安知我不知鱼之乐？
好像千万小眼睛；	我非子，固不知子矣；
一闪一闪亮晶晶，	子固非鱼也，子不知鱼乐。
满天都是小星星。	请循其本。我知之濠上也。

（改编自儿歌《小星星》）

第八章

朝三暮四

第一节

当局者迷，旁观者清

故事引导一　只缘身在此山中

横看成岭侧成峰，远近高低各不同。

不识庐山真面目，只缘身在此山中。（苏轼《题西林壁》）

诗人苏轼行至庐山，有感于山势奇美，于是借助庐山的形象，写下了这首耐人寻味并传诵久远的《题西林壁》，深入浅出地表达了感悟到的人生哲理。

“横看成岭侧成峰，远近高低各不同。”意思是说庐山从正面看是一道道丘壑纵横、绵延逶迤的峰峦高岭，从侧面看却是一座座巍然突起、耸入云端的峭拔奇峰。所处位置的不同，望见的山色和气势也就风景各异。无论是从远处、近处、高处，甚至是低处观看，时间不一，角度不同，形象感受各异，便呈显出千差万别的庐山风貌。究其实，看的都是同样的事物。一如同是一朵梅花，有人赞叹它凌寒傲霜，有人却哀叹它孤芳落寞；本是一块石头，有人觉得它冥顽不灵，有人则欣赏它坚韧不移。

既是同一种事物，何以理解却大相径庭？答案其实很简单，观察事物角度的不同而已。

“不识庐山真面目，只缘身在此山中。”后两句借景说理，犹如画龙点睛，道出了游山的体会。为何无法看到庐山的真实面目呢？那是因为作者身在庐山之中，由于所处位置的限制，观看问题时角度不同之步移形换，千姿万态的庐山气象便被自己局部的片面的视野给笼罩遮蔽了。因此，只能是见树不见林，无法见着庐山的全景风貌。观山如此，人生百态又何尝异于此理呢。

综观大千世界，所有人事物的角度层面，何其广深，要更准确地认识事物的现象风貌，观察问题就应该更全面客观，冷静分析其本质，理性判别其是非。即便刚开始也许仅是看山是山，看水是水，但只要肯深入地去探究，用心去理解，用脑去沉思，不囿于一己之见，别有一番体悟后，生命层次自会高升舒展。既然心境已然跳脱以往的执拗，最终，所看的山便可以是非山，所望的水便能够是非水。

人不仅要认识自我，认识物象，亦须超越自我，超越物象。欣赏湖面上悠游的天鹅，不能只是赞其高雅悠闲的姿态，却不见湖面下辛勤划水的双蹼；学习当下成功的企业家，不能只是羡其表面无尽的财富，却忽略背后艰苦心酸的奋斗历程。仅是立定不动，迷于事物的表象而忽略其后的付出与努力，视野也将被蒙蔽在狭隘的角落。倘使不能摆脱主观成见，避免坐井观天、以偏概全，就得不出正确的结论，同时也将无法自当局者迷的此山之中，而迈开旁观者清的自得步伐。

故事引导二 欠一个转身

只管眼前路，没了身后身。

电影《一代宗师》中叶问与宫宝森的“以饼会武”之后，宫二难以承受其父宫宝森就这么输了，于是找上叶问，以宫家六十四手挑战叶问。此战非关输赢，却也战出了人性的气度。之后，宫二对叶问说：“给你看六十四手，是想让你明白，人外有人，山外有山。拳不能只有眼前路，而没了身后身，希望你可以举一反三。”

咏春拳讲求的是“眼前路”，两点之间的直线最短，因此基本上是走直线的面对面攻击，这是叶问向前看的处事性格；八卦掌追求的是“身后身”，以为两点之间直线最短，但不一定是最快，因此八卦掌经常是绕到敌方背后再乘势出击，这同时也是宫二只懂得回首旧事以致抱憾而终的悲剧命运。这本只是功夫的比喻，却也代表着迥然不同的人生态度。一人一直在眼望前方，而另一人却永远是顾盼回眸。

为什么叶问说“你欠缺一个转身”？因为宫二选择留在过去，并始终背负着道统使命，无法抛掷枷锁，不愿适意地往前看去。于是，本可坐享幸福的人，在眼前路的人生大道上，却只能是不断的遗憾，徒留下踽踽独行的身后身。反观叶问在失去妻子后，留下了一句：“从此我只有眼前路，没有身后身，回头无岸。”为什么无法回头转身？当一个人一无所有且退无可退的时候，赫然发现原来生活本身才是最高最艰难的山。除非摆脱昔日羁绊，放弃本有身段，在有限的环境里开展出无限的眼前路外，再无回头身了。

“眼前路，身后身。”能进攻，亦可退守，但能精准看透时势，把握当下，瞻前顾后又进退自如的人又有几个呢？好比父亲谆谆告诫宫二的道理：“人活这一世，能耐还在其次。有的成了面子，有的成了里子，盛开凋零，皆是时势使然。”面子里子之间，这一口气也唯有自己能知根知底，毕竟是人在江湖身不由己，哪怕不是江湖人，人生也有太多的时候由不得已。这也说明了并非每个人都有机会能轻松转个身华丽地走完这趟漫漫人生路。“宁在一思进，莫在一思停。”醍醐灌顶的人生智慧，有多少人是义无反顾地精进，而造成了折戟沉沙；又有多少人稍停思忖地沉潜，却换来了终生止步。

“火候不到，众口难调；火候过了，事情就焦。”同样是招“老猿挂印”，却道出不同功夫的人生智慧。老猿挂印回首望，关隘不在挂印，而是回头。与人交手，前进后退，一因一果，一饮一啄，全是功夫。人生没有后悔药，再回头已是百年身，若不能以理性客观地判断局势，破除执念，到了最终，谁都难以回头。

只管眼前路，没了身后身，说到底，便是“欠一个转身”，一个圆融华丽、超越是非的转身。

第二节

聪明何以不被聪明误

原文对焦

劳神明[①]为一而不知其同也，谓之朝三。何谓朝三？狙[②]公赋芧[③]，曰："朝三而暮四。"众狙皆怒。曰："然则朝四而暮三。"众狙皆悦。名实未亏而喜怒为用，亦因是也。是以圣人和之以是非而休乎天钧[④]，是之谓两行[⑤]。

（《齐物论》）

注释：①神明：指心思，心神。 ②狙公：养猴子的人。狙，猴子。③芧（xù）：橡栗。 ④天钧：自然均衡的道理。 ⑤两行：物与我，即自然界与自我的精神世界都能各得其所，自行发展。

养猴的人拿着橡粟喂猴子，说："早上给三个，晚上给四个。"猴子听了火冒三丈。养猴人便改口说："那么就早上给四个，晚上给三个吧！"猴子听了立刻转怒为喜，开心不已。究其实，名称和实际都没有发生任何的亏损，却只因养猴人巧妙的变通，进而改变并左右了猴子的喜怒变化，这便是顺应情势而做出的权衡反应。因此，古代圣人从不执着己见，能够调和是非，平衡自然分际，这就叫"两行"，即物我之间各得其所，是非并行而不冲突。

朝三暮四：朝是早晨，暮是夜晚，三和四均表示数量，其总和皆为七。这里借此来譬喻其"名"虽不一，"实"却丝毫无损，总的来说都归结为实质不变的"一"，却被有心人巧立名目来让人受骗上当。因此，朝三暮四即是要告诫人们须注重事物的实际本质，以防被表面假象给蒙混欺骗。现指说话办事意志不坚，主张不定，不能辨别形势而经常变卦乃至反复无常的人。

任何问题不免掺入主观的色彩，倘若只懂得盲目追求，计较表面得失，却不深究事物的本质及缘由，以固拗偏囿左右客观真理，各自只维护各自的立场，结果将无法避免陷入是非纷扰的旋涡，而让人有机可乘。

辩者以其能言善道来伪饰人心，忖度人意，犹如狙公深谙猴子的无知愚昧，以"名实未亏而喜怒为用"的花言巧语来蒙骗猴子。三加四无论如何变化总数都是七，既然总数不变，略用手段调整其次序便能够影响猴子的判断和认知，因而全然掌控了猴子。所谓的“名”是人为的，而“实”则来自于道。若说实是七个橡粟，如此一来，朝三暮四和朝四暮三，名实未亏，便无差无别。

“朝三暮四”的寓言极具讽刺意味，因其物心常存在着先入为主的观念，拘泥于片面的是非标准，自以为是地排除异己，而造成了真假对错及喜怒哀乐结果的不同，无法在纷乱杂沓中悟出两行天钧的真理。

比如“众盲摸象”，许多瞎子摸象，摸到象牙的人说象长得跟砧板一样，摸到象腿的说象长得像根柱子，摸到象耳朵的却道象长得跟畚箕一样。大家各执一词，争论不休。因为各自摸到的仅是象的一小部分而非整体，不明真相而以偏概全，肯定没有一人能够猜得正确。换言之，在日常生活中，每个人对事物的看法不免抱持偏见，然而当世界被成心包围，被不同的我执围剿时，一切便笼罩在假象之中，真正的实反倒被隐藏了起来，因着朝三暮四和朝四暮三的盲点，终将偏离了道通唯一的实相。

聪明的人经常钻牛角尖、自以为是，反而被聪明所误；愚昧的人则是被人摆了一道还自顾自地沾沾自喜，糊里糊涂地不知应变，因而更加愚蠢。然而究竟要在哪建立标准而能够避免争执呢？答案就在“道”。它启示着我们，对待事物要善于透过现象看清本质，无论形式如何变化，本质终将不变。你看到正面，也必须了解反面；看了东边，也要明白西边；知道严冬的凛冽，也要知晓春意的和煦。闻一知十，了解一即一切，便能脱离众盲摸象的错误窘境，不再只知其一不闻其二，不会陷入执迷不悟的困境。

所以圣人和光同尘，通过齐物，超越是非，以其万物同源并调和纷争于自然均衡，物我并行，各得其所。尤有进者，客观、主观并行不悖，物、我各得其所，无论现实处境如何，都能保持内心虚静，顺物而为，不妄作为，最终在精神上达到真正的逍遥自适。

第三节

名实未亏而喜怒为用

精神主旨

无此之囿见，无彼之所欲。

化伪得妙道，悟解更两行。

道恶乎隐而有真伪？言恶乎隐而有是非？道恶乎往而不存？言恶乎存而不可？道隐于小成，言隐于荣华。故有儒墨之是非，以是其所非而非其所是。欲是其所非而非其所是，则莫若以明。（《齐物论》）

天道究竟是被什么给遮蔽以至于有了真伪的存在了呢？言论究竟是被什么给遮蔽以至于有了是非的发生了呢？道是无往而不存的，言论是超出其是非的。道是被小有见识成就的人物给遮蔽的，言论则是被巧饰华美的言辞给隐蔽的。因此才会有了儒、墨两家是非对错的相互辩争，双方皆自以为是，而以对方为非。若以对方所认定的非为是，又以对方所认为的是为非，倒不如保持澄明的心境来观照事物本然的情形。

宇宙的本体是绝对同一的一体，一旦这个道体在运作时所产生的千差万象的概念便会有所不同。而所谓的不同，是不同于现象作用上，其道体本质仍是相同的。概念的区分，可以成就新的事物，但这样的成就亦会打破事物本然的模样。可是万事万物其实并无所谓的成就与毁坏，只不过都是随着道的运作而有所变化，即是在道之中相通为“一”。换言之，也只有明白及通达于道的人，知道万事万物皆不离事物在道理相通为一，因此不会将道作概念的区分。破除了以道作为概念的局限，便能因通达于道而成就于道，到了最后，便得其一道了。

即使我与若辩矣，若胜我，我不若胜，若果是也？我果非也邪？我胜若，若不吾胜，我果是也？而果非也邪？其或是也，其或非也邪？其俱是也，其俱非也邪？我与若不能相知也。则人固受其黮暗，吾谁使正之？使同乎若者正之，既与若同矣，恶能正之？使同乎我者正之，既同乎我矣，恶能正之？使异乎我与若者正之，既异乎我与若矣，恶能正之？使同乎我与若者正之，既同乎我与若矣，恶能正之？然则我与若与人俱不能相知也，而待彼也邪？（《齐物论》）

假如我与你辩论，你胜了我，我却没赢你，如此一来，你果然是对的吗？而难道我就真的是错的吗？倘若我胜了你，你却没能赢我，我果真是对的吗？你又确定自己真的是错的吗？

我们之间有一个人是对的，还是有一个人是错的。又或者是我们两人皆对，还是我们两人都错了呢？我与你不能相互知解，可见人与人之间都有偏见，那么，我们又该将请谁来作为评断呢？如果让和你意见相契的人来评判，既然他都已经认同你了，又岂能做出公正的裁断呢？倘若让和我意见相当的人来裁定，既然他都已经赞同我了，又岂能做出公允的裁决呢？假使请意见和你我皆相左的人担任评判，既然他的观点皆异于你我，又怎能做出公允的裁示呢？换言之，如果再让观点与你我全部相同的人出任评审，既然他的观点皆同于你我，又岂能做出公平的判定呢？既然你与我以及任何人都无法相知相解，我和你以及其他人又如何能评断孰是孰非呢？

每个人各有各的胜场，各有各的思路，各自用各自的方式，呈现出各自的成就。于是，其中便无掉了是非对错的问题。于是，父亲有父亲的好，母亲有母亲的好，孩子有孩子的好，你活出你的好，我活出我的好，每个人都能活出自己的自在与美好。在彼此维护彼此最适当的关系与状态之下，人人皆能活出各自的无限精彩。

无论是“朝三暮四”还是“朝四暮三”，寓言的精神主旨都是“名实未亏而喜怒为用”。不拘泥于原有的观点，无分彼此之所欲所求，也就是无此之囿见，无彼之所欲。化解了人为的窠臼，平息了是非争端，突破了自我界限，悟通了自然妙道，以本然之心反归于真实，经由维护事物的均衡而完成休乎天钧的功夫。万物便在道中相通齐一，于精神世界中各安其所，终而达至“两行”的最高境界。

反思讨论

如何反思万物皆通的奥秘，跳出执着的思维角度，当下活出各自的精彩?

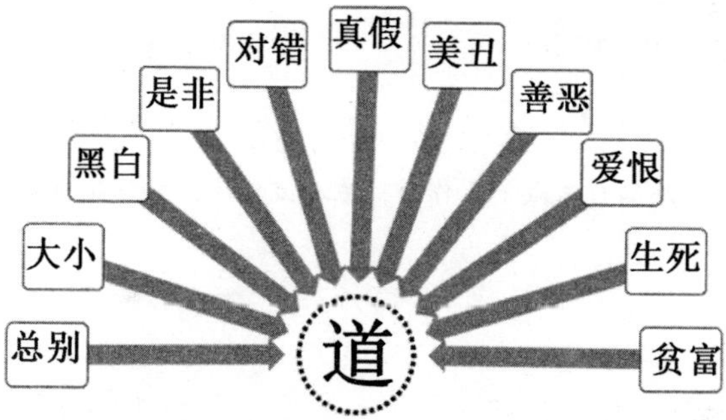

看待各种事物时，需从更广的角度去看待，综观总体，并细探个别，化解掉总别差异。重要的是，从事物本身来看事物，才能体察万物相通的道理，不因陷入一时的喜怒哀乐而使情绪遭受操弄。至于大小、黑白、是非、对错、真假、美丑、善恶、爱恨、生死、贫富等，皆是出自于相对性的比较。区分事物的不同性质，知通达、游无穷，不盲于人为造作，才能自适逍遥。“是以圣人和之以是非而休乎天钧，是之谓两行。”如前文所述，圣人能调和是非，深入综观，跳出执着的思维角度，打破此是彼非的局限，物我之间将各得其所。如此一来，反思万物皆通的奥秘，活出各自的精彩，才能达到条条大路皆通罗马的两行之境。

唱和呼应

后来，我总算学会了如何去爱，
可是你早已远去，消失在人海。
后来，终于在眼泪中明白
有些人一旦错过就不在。

朝三，而暮四，众狙皆怒。
朝四而暮三，众狙皆悦。
名实未亏而喜怒为用，
圣人和是非，休乎天钧，是谓两行。

（改编自玉城千春作曲，施人诚作词，刘若英演唱《后来》）

第九章

庖丁解牛

第一节

劳神伤身有恒养生

故事引导一　三种变形的人生境界

尼采以自身体验，试图对跨越深渊的方法提出解释。他在《查拉图斯特拉如是说》一书中指出人生精神境界的三种变形，同时也是对于超脱于人间世中的超人诞生，与其精神三变的过程来作为变相呼应。这三种变形分别为精神如何变成骆驼，骆驼如何变为狮子，到了最后狮子再如何变成了孩童。

第一境界：沙漠之舟的骆驼

代表着人类精神的最初阶段，象征着忍辱负重的入世性格，被动听命于他人并承受命运的宰制。骆驼孤独地在荒漠中行走，为了觅寻滋养生命的绿洲，为了突破逆境坚毅地生存，必须长期忍受烈日烤炙以及干涸无助的揪心苦难。即使面对漫漫滚沙，前路茫茫，依旧肩扛传统、屈膝承受。只能认命负载，只有敬畏顺从；不能创造突破，没有抗争能力。骆驼俨然是一个任重道远、死而后已的悲剧形象。

这如同初入行的社会新鲜人，工作对象认识不清，实务经验不足，面对排山倒海的压力，身不由己地隐忍，却又不知为何而战。以其“应该如何”照单全收的全然宿命观，来作为长期生活及成长的价值指标，这便是所谓的骆驼精神，即人生修炼的初阶技法。

第二境界：森林之王的狮子

在诸多的无力感以及崩溃边缘不断地与之招手，终于在压倒骆驼的最后一根稻草下，于精神上蜕变成反抗格斗的狮子。而一说到狮子，便让人联想到主动犀利，虽千万人吾往矣的敢于天下先，一怒而为天下惧的万兽之王。勇于挑战权威，扭转价值，抨击道德，争取自由。成就了一个战斗力强，能够主宰他人，勇敢做自己的主人。

就职场而言，此时对于工作有了精准的认识和有效的把握，亦积累了足够的人生阅历和实务经验，怀抱人生，活出梦想，开创崭新的局面，即处在光芒象征的高阶熟技阶段。

可人生岂是有着绝对如骆驼般被动承载的宿命，又或是如狮子般义无反顾地勇往直前。卸除传统价值强加的负载，实现精神的自由解放，便意味着更要有着敢于承担责任的担当。拳拳服膺谁与争锋之下的“我要”信条，在诸多困难的抉择中，便不免于蛮横厮杀的野心上，声嘶力竭的疲惫下，创造新价值的披荆斩棘里，终于迷失了自我。

第三境界：返璞归真的孩童

从传统弱者、消极被动、敬畏顺从、拳拳服膺并一直被赋予“你应该如何”的骆驼境界，进化为重拾生命主导权的开创强者、积极主动、挑战权威、怀疑否定，从而开创出“我要如何”的狮子境界。两端不断抛掷的骆驼和狮子，在历经千锤百炼的成长艰辛路后，终于能够回归生命原点而再次出发。

老子说：“复归于婴儿。”“专气致柔，能婴儿乎？”孟子亦言：“大人者，不失其赤子之心者也。”超越了骆驼和狮子的被动与主动，脱胎换骨从而活活泼泼地在自在当下展开生命的新境界。风雨渐趋宁静，破坏转成创造，流放化为依归，丧失终将回复。“我是！”“我在！”的声音回荡，这便是内在催生、主体确立，精神完善了意志。最后，天真烂漫的孩童境界于焉出现。

孩童纯真的诞生，是狂暴肆虐的挣扎搏斗之后的和解。生命有了神圣肯定，天地大美至善存在的当下，“依乎天理，因其固然”，便是个体超人真切涌现的使命。此刻返璞归真的孩童境界，代表着内心的宁静、和谐，天空澄明，大海湛蓝。不再自我纠结，不与天地万物对立，抛掷陈旧故步，才能更上层楼，才能将自我生命安立在含德之厚的心灵本真当中。

故事引导二　三见山水的人生修行

请感官让出位置，累积人生经验及价值思考，进而超越感官。

于是，普鲁斯特说：“我们需要的不是新的景观，而是新的眼睛。”对于人生的认识，可依以下三见山水来作为人生修行的渐递境界。以景观观之之见山是山，见水是水；接着，以新的眼睛观之之见山非山、见水非水的豪情壮志；与此同时，若能因此翻转，顿悟到见山终是山、见水犹是水的心灵感通。这么一来，便能在仰望蓝天、云与风逝、洞彻因缘的随波逐流中，成就“众里寻他千百度，蓦然回首，那人却在灯火阑珊处”之人生宝贵经验。

第一境界：见山是山、见水是水的烂漫天真

见山是山、见水是水是说一个人凭借感官而初识世界，一如稚子的烂漫而天真，懵懂而好奇，真实而纯粹。眼睛所望什么便深信是什么，随心率性，喜怒皆形于色。世界好大，人生真美，山清水秀、山水如画、山水一色、山水相依，无不是远望山有色、近听水潺潺的快乐崇拜。

然而，世界规则岂能仅凭双眼所见的过度乐观，不知山高水深，不究事物表面背后的存在意义，从而自顾自地给出定义。纷繁复杂，蝇营狗苟，又岂是不食人间烟火的初入丛林迷兔，所该兀自警惕的前行大事呢？

执着于山，执着于水，执迷不悟于事物的光鲜现象，傻傻分不清现实世界的金科玉律。见山是山、见水是水的烂漫天真，独上高楼、望尽天涯路的单薄，献上最热血的璀璨温度，终是仍未入门入定的第一境界之样态啊！

第二境界：见山非山、见水非水的世故练达

献上最天真热血的温情来待看人生山水，靠得更近，处得更久，渐渐发现了山外竟然有山，水外仍旧有水。红尘俗世中的黑白竟能自顾自地颠倒，是非对错亦能随天气变化而朝三暮四地混淆。古道热肠的背后是心细如麻的恶斗，虚伪面具下隐藏着太多人前手牵手、人后下毒手之机关算尽的潜规则。于是雾里看花，于是似幻似真，于是再回不去见山是山、见水是水的来时路了。

我见山水多彷徨，料山水见我应如是。无论是选择积极奋进、向前奔驰，抑或是迷惑彷徨、痛苦挣扎于妥协后的宿命俗世。两害相权如何取其轻？两利相权又该如何取其重？患得患失，摇摆不定于衣带渐宽终不悔，为伊消得人憔悴。试问：在人生颠簸初始之时，谁又能轻声召唤自己于悬崖勒马呢？于是，真心一旦坠跌就不能飞的天真烂漫，便活脱脱地镶嵌在见山非山、见水非水价值观瓦解的世故练达之中了。

第三境界：见山是山、见水是水的老僧入定

海德格尔说过，人的一生，很少活在“我”，活出“自己”，大部分时间反而是活在“他者”，活在“别人”。匆匆过客，穷究一生，越过太多的高山峻岭，经历太多的形色事物。在大千世界经年累月的修持下，谨小慎微，掌握规律，抓住本质，避开锋芒，终于练就一身顺应自然、心神运作的老僧入定。宠辱不惊，看庭前花开花落；去留无意，任天外云卷云舒。不以

物喜，不以己悲的“依乎天理，因其固然”，则更显出曾经沧海难为水，除却巫山不是云的豁达与淡定。

以一颗低调藏锋、泯除成见、物我两忘的谦卑心态来化解对立，行到水穷处、坐看云起时的心转境转、茅塞顿开，已然较第一阶段的见山是山、见水是水的烂漫天真，更添增了一份在岁月洗礼下的人生内涵。无掉了乌云密布、云雾缭绕的迷乱混淆，无掉了隐藏在本来面目后的纠结狰狞。挥挥衣袖，拨乱反正，将心定住，便能在众里寻她千百度，蓦然回首之后，见山仍旧是山，见水依旧是水，却在灯火阑珊处的老僧入定中，体悟到人生处处皆美好的况味。

第二节

存乎技中之道之心

原文对焦

庖丁为文惠君解牛，手之所触，肩之所倚，足之所履，膝之所踦[①]，砉然[②]向然，奏刀騞然[③]，莫不中音；合于《桑林》[④]之舞，乃中《经首》[⑤]之会[⑥]。

文惠君曰："嘻！善哉！技盖至此乎？"

庖丁释刀对曰："臣之所好者道也，进乎技矣。始臣之解牛之时，所见无非牛者。三年之后，未尝见全牛也。方今之时，臣以神遇而不以目视，官知[⑦]止而神欲行[⑧]。依乎天理[⑨]，批大郤[⑩]，导[⑪]大窾[⑫]，因其固然，技经[⑬]肯綮[⑭]之未尝，而况大軱[⑮]乎！良庖岁更刀，割也；族庖月更刀，折也。今臣之刀十九年矣，所解数千牛矣，而刀刃若新发于硎[⑯]。彼节者有间，而刀刃者无厚；以无厚入有间，恢恢乎[⑰]其于游刃必有余地矣，是以十九年而刀刃若新发于硎。虽然，每至于族，吾见其难为，怵然[⑱]为戒，视为止，行为迟。动刀甚微，謋然[⑲]已解，

牛不知其死也，如土委地。提刀而立，为之四顾，为之踌躇满志，善[20]刀而藏之。”

文惠君曰：“善哉！吾闻庖丁之言，得养生焉。” （《养生主》）

注释：①踦（yǐ）：抵住。 ②砉（huā）然：骨肉相离的声音。 ③騞（huō）然：比砉然更大的操刀切割声。 ④《桑林》：传说中商汤王的乐曲名。 ⑤《经首》：传说中尧乐曲《咸池》中的一章。 ⑥会：旋律、节奏。 ⑦官知：这里指耳目之意。 ⑧神欲行：指精神活动能够随心所欲。 ⑨天理：指牛体的自然的肌理结构。 ⑩郤：同“隙”。 ⑪导：顺着，引刀而入。 ⑫窾（kuǎn）：骨节空穴处。 ⑬技经：犹言经络、支脉。 ⑭肯綮（qìng）：筋肉盘结处。 ⑮軱（gū）：股部的大骨。 ⑯硎（xíng）：磨刀石。 ⑰恢恢乎：宽绰的样子。 ⑱怵（chù）然：警惧的样子。 ⑲謋（huò）然：形容牛体骨肉分离的声音。 ⑳善：通“缮”，擦拭。

厨师替文惠君肢解牛。他手所接触的，肩所依靠的，脚所踩踏的，膝所抵住的，无不哗哗作响。刀插进去，霍霍有声，没有不符合节拍音律的，既能配合《桑林》的节拍，也吻合《经首》的节奏。

文惠君说：“啊！真是太厉害了！技术如何达到如此出神入化的地步呢？”

厨师放下了刀，回答说："我所爱好的是道，早就已经超过技术的层次了。我在最开始肢解牛时，所见到的不过就是一整头牛；三年过后，我就不曾看见完整的一头牛了；就以现在的情况来说，我是以心神来领会这头牛，而非以眼睛来观看牛，停止了感官作用，而是靠着心神随心所欲地充分运作。依照着牛体自然的生理结构，劈开筋肉间的空隙，引刀导向骨节的空隙，依顺着牛体本来的结构下刀。那些经络相连、骨肉相接的地方连碰都没有碰到，更何况是那大骨头呢！好的厨师每年更换一把刀，因为他是用刀来割筋肉；普通的厨师则是每个月更换一把刀，那是因为他是用刀来砍骨头。而如今我的这把刀已经用了十九年，肢解过数千头牛，然而刀刃仍旧像是刚从磨刀石上磨过的一样锋利。因为牛的骨节之间有空隙，而我的刀刃薄得几乎没有什么厚度；以没有厚度的刀刃切入有空隙的骨节，自然是宽绰而游刃有其余地了，所以这把刀用了十九年，刀刃还像新磨过的一样。可即便如此，每当遇到筋骨交错盘结的部分，我知道不好处理，也都会更加地小心谨慎，目光集中，举止缓慢，然后稍微一动刀，牛的肢体便会哗啦啦地被分解开来，就好像是泥土一样地溃散落地。这个时候我便提刀站立，环顾四周，心满意足而从容自得。最后，我再将刀刃擦拭干净而收藏起来。"

文惠君说："好啊！我听了厨师的这一番话语后，便是懂得养生的道理了。"

"庖丁解牛"首段描写庖丁为文惠君解牛的场面。手、肩、足、膝之举手投足的和谐精练；触、倚、履、踦之优美流畅的自然节奏。砉然、向然、騞然则意味所发之音适得其情，皆收摄在无不符合节拍音律的“中音”以及悦耳的《桑林》舞曲和《经首》乐章之中。

庄子不言宰牛，不说杀牛，偏讲解牛，已然将血腥的解牛场面巧妙铺绎成了韵律优美的乐曲，浪漫美好的视觉体验，叹为观止的道艺飨宴，极富文学巧艺之美。无怪乎文惠君会发出情不自禁的赞叹：“啊！真是太厉害了！技术如何达到如此出神入化的地步呢？”

文惠君着眼于熟能生巧之“技”的“嘻！善哉！技盖至此乎？”相对于心领神会之“臣之所好者道也，进乎技矣”的庖丁论“道”，此为两人层次不同、境界相异埋下的伏笔。

由下表便可轻松掌握从练“技”至悟“道”的解牛过程以及心态变化：

第一阶段	第二阶段	第三阶段
始臣之解牛之时	三年之后	方今之时
所见无非牛者	未尝见全牛也	官知止而神欲行
族庖月更刀，折也	良庖岁更刀，割也	十九年而刀刃若新发于硎
初阶练技	高阶熟技	养生之道
初初入行，对工作对象认识不清，实务经验不足	对工作对象认识精确，累积了足够的实务经验	依乎天理，因其固然

在第一阶段的“始臣之解牛之时，所见无非牛者。”庖丁初初入行，对工作认识不清，实务经验不足，亦难以于人世间的纷杂问题中游刃得当。以情识造作之我来观牛，故眼中所见之牛，皆是摸不着头绪、复杂难解的孤立皮相。一如“族庖月更刀，折也”。“折”为折断的意思，表示一般厨师在用刀碰触骨头之际，常以顽强力道劈砍折损。由于使用方式不对，也难怪刀子总是寿命不长，必须时常更换新刀。不按牌理、不得其门而入之耗损心力、劳神伤身，这是初阶的练技阶段。

第二阶段的“三年之后，未尝见全牛也”。三年的庖丁岁月，对工作认识精确，亦积累了足够的实务经验。故庖丁眼中已非第一阶段所见的完整牛只，而是以牛之自然之性观牛，在心中有了清楚的视觉图像，据此作为目无全牛的“分割部位”，作为审视精准的解牛蓝图。一如“良庖岁更刀，割也”。从族庖用刀硬砍骨头的“折”，递进为良庖用刀切开筋肉的“割”，不硬碰硬，而是缘着骨头切肉。虽然因经验而知道如何避免困扰纷争，达至高阶的熟技阶段，但凭目视解牛，长此以往，虽技术熟巧，却仍不免于不可测之境中摧折损伤。

第三阶段的“以神遇而不以目视，官知止而神欲行”。“依乎天理，因其固然”。顺应自然、心神运作、避开锋芒，如此的谨小慎微，掌握规律，抓住本质，无怪乎“十九年而刀刃若新发于硎”，刀用了十九年，刀刃还像新磨过的一样。换言之，从处事谨慎、低调藏锋、泯除成见、化解对立、熟能生巧之经验积累的“技中之道”，升华提炼至“道中之心”。如此一来的不计得失、物我两忘、心领神会并运用自如的存乎技中之道之心，终将在游刃有余、保全自身而臻于“养生之道”的化境之中了。

世事洞明皆学问，人情练达即文章。庄子透过这篇“庖丁解牛”的寓言，说明养生之道在于顺应自然，顺势而为。筋骨交错之际，就好比生活遭遇重重障碍、层层束缚，与人相刃相靡，必须适时地集中精力，深渊薄冰，巧妙回避并圆融解决。如此一来，象征自我的无有厚度之刀，便能在如复杂社会般的牛骨节间的空隙里游刃有余，海阔天空并自在飞舞。将自我之刀安放在心灵深处，便如诗人泰戈尔所言：

我旅行的时间很长，旅途也是很长的。
天刚破晓，我就驱车起行，穿遍广漠的世界，
在许多星球之上，留下辙痕。
离你最近的地方，路途最远，
最简单的单调，需要最艰苦的练习。
旅客要在每个生人门口敲扣，才能敲到自己的家门。
人要在外面到处漂流，最后才能走到最深的内殿。

尤有进者，生活能够自如，生命不受折损，安时而处顺，哀乐不能入也。心的修行达致无有之境，泯除物我对立，超越利害得失，参悟养生之道，显现存在价值，便能尽享天年。

第三节

善护游刃有余之心

精神主旨

缘督以为经，

依乎天理，因其固然。

可以保身，可以全生，可以养亲，可以尽年。

庖丁为文惠君解牛，极尽技艺功夫与道术境界的双全。

族庖、良庖乃至今日的庖丁，不外是致虚极、守静笃以至于无厚之由技入道的过程。庖丁解牛中的那头牛，比喻的就是“人间世”。牛体的结构异常复杂，因为牛的骨肉筋络连在一起，不当的砍斫便会受伤折损。而庖丁手握的那把刀刃，便是象征着每一个人的“自我”，以自我为名的刀刃投身在牛体天下，与人相刃相靡。所谓的相刃即是互相砍斫，相靡便是将对方砍倒。人间世就是天下，自我活在天下，人物活在人间。本身的自我有限，而人间大道却又显得如此复杂无限，这便是人生存在的两大难关，同时也是《养生主》的主体寓言。

人间天地各有其规律存在，洞察客观环境的规则，使其常规成为自身的导航。善解牛者，刀不易折；善处世者，人不易损。于是庄子谆谆告诫我们，需从刀刃无厚做起。庖丁并非生而游刃有余而不伤，而是经年累月的功夫历程得以致之。原本是要解开牛体，但必须在刀刃薄到几无厚度的无身之际。当刀刃没了厚度，牛体筋骨、骨肉相连的地方就算再狭窄褊隘，都可以轻松自如地滑过。何以故？精神在感知中驰骋，功夫在实践中涵养。因为你打开了自我，放开了自我，没有了自己，没有了厚度，以无厚入有间，恢恢乎其于游刃必有余地矣。原先以为要解开的牛体，到了最后却是彻底解开并完善了自我。

其功夫在“缘督以为经”。缘督以为经，顺中以为常，意思是说处事的人若能依循事物自然之理而予以为常，持守着无偏无执的中虚自然之道，不过分、不强求。“依乎天理、因其固然。”顺应现实，尊重自然，妥善保养身心的人生观点与处世哲学。谨慎小心地避开阻碍，即便外物搅扰如织，只要掌握要点，便能得心应手于做人处事。精神为主，感官为辅，便不会轻易让有形的感官来损坏耗伤无形之心气神。

其境界在“游刃而有余”。当牛肢解后，庖丁心满意足于刀刃无损，从容自得于养刀如新。解牛后的刀刃，随即小心保养擦拭，而后藏于鞘内。锋芒不外显露，养刀如似养生，既能于有余之中乘物以游之，又能在人间道中逍遥又自适。身可以保，生能够全，亲得以养，年终将尽。终于在不伤自我之刀的保身、全生、养亲、尽年中，臻于养心护心之化境。

剧作家毛姆说过："那时，我还没有懂得人性中有多少矛盾，我不知道真诚中有多少做作，高贵中有多少卑鄙，或者邪恶中有多少善良。如今我已充分懂得了，原来小气与大方、怨怼与仁慈、憎恨与深爱，是可以并存于同一颗心中的。"

所有的一切之上，都有光在流淌着，甚至暗黑里，也有着极其细微的光，只是我们肉眼看不到。而看不见的，并非不存在。因为蕴藏于深处的那一道心主，经由阶段体悟经验，终臻至神乎其技之天地与我并生，万物与我为一。而至于那道安时处顺、哀乐不入的真境心光，每个存在当下所需护养的心主，亦如是啊！

反思讨论

如何能在喧嚣烦扰的红尘俗世中，涵养精神生命之主，善护游刃有余之心？

生命游于人世间，解牛而刀刃无割折，犹如生命游于天地而不伤。保全刀刃，就要避开筋腱骨骼；保全个人，则要避开社会的矛盾冲突。解牛之难，不在于所解之牛之筋骨错杂，而在于其解牛之刃未得其间。何以故？在其未能无厚也。个人在人间世中就跟刀刃一样，相较于牛骨，就好比那些社会的是非冲突、情感的矛盾挫伤、害人的陷阱机关。庖丁解牛前后历经了由最初的"所见无非全牛"到"目无全牛"的"技"艺，反复体验，多次琢磨，熟能生巧之后，才达至“以神遇而不以目视”之挥洒自如、神乎其技的“道”境。

初初跌入喧嚣烦嚷、红尘俗世，不知愁为何物的天真单纯，面对铺天盖地、迅雷不及掩耳的磕磕碰碰、伤痕打击，从天真烂漫到人不自保的身心疲惫。开始于“技”中设身处地、拿捏分寸、掌握技巧，深知唯有在屡屡的境界提升中，才能避免硬碰硬的两败俱伤，从而对外界开启了自我的保护机制，渐渐地在逐次受伤平复的过程中，开始内反并省思顺应情势的道理、涵养心神的重要、摆脱外物的束缚，从而获得人格的自由。

由“技”至“道”，从感官活动到精神运作的心路历程，手段方法的熟能生巧，提炼升华成物我对峙的消解。在游刃无间的“道”的场域中，更彰显精神生命不受外在左右的丰富性、自由性以及无限性。犹如村上春树所言：“肉体是每个人的神殿，不管里面供奉的是什么，都应该好好保持它的强韧、美丽和清洁。”

如果用眼睛看是一种框，用心去体会就是一种宽。人在俗世外，心栖山水间。涵养精神生命之主，善护游刃有余之心，如此一来，才能享拥安顿养生的终极目的。

唱和呼应

如果我爱你
和你倾听　风的呼吸
如果我爱你
心是无声　的默契
如果我爱你
十里春风　不如你
如果我爱你
请随遇而相惜相依
我　如果爱你

庖丁所好者道
技中之道　道中之心
缘督以为经
依乎天理　因其固然
官知止神欲行
怵然为戒　视止　行迟
提刀而立　四顾
踌躇满志　善刀而藏之
保身　养生之道

（改编自窦鹏作曲，张文、李苗、窦鹏作词，周冬雨、张一山演唱《如果我爱你》）

第十章

浑沌开窍

第一节

以己之心度人的主观价值

故事引导一　爱之适足以害之

昔者海鸟止于鲁郊，鲁侯御而觞之于庙，奏《九韶》以为乐，具太牢以为膳。鸟乃眩视忧悲，不敢食一脔，不敢饮一杯，三日而死。此以己养养鸟也，非以鸟养养鸟也。（《至乐》）

从前，有只海鸟飞落在鲁国都城的郊外，鲁侯以为这肯定是一只难得一见且神圣的海鸟，便命人将其捉住，亲自把它迎接到太庙里，毕恭毕敬地将它供养起来。每天端送美酒让它饮用，演奏《九韶》的乐曲来取悦它，宰杀牛羊猪三牲具备的太牢来喂食它。鲁侯尽心尽力的殷勤款待却将海鸟弄得头晕目眩、惶恐不安，不敢吃一块肉，不敢啜一口酒。过了三天，它竟死去了。会导致这样的结果，是因为鲁侯完全用他自以为是的舒适享乐的方式来供养鸟，而不是按照鸟类的生活习性来供养鸟。

什么叫“以己养养鸟也，非以鸟养养鸟也”？海鸟的天性本是在天空中自由地翱翔，在森林里自适地栖息，在江海中自在地浮游，随群列队，捕啄食物，快活逍遥。反观鲁侯完全将自己日常的奢豪享受，自认为是不藏私的厚爱，全然无私地加诸海鸟一身。人在天上飞则坠死，鸟于天上飞则乐活。惜鲁侯不明白这个道理，以主观爱恋的心态养鸟，忽略了海鸟相异于人的客观习性，不设身处地地观察海鸟的生活状态，不爱护尊重海鸟的个性特点，违背了海鸟的天生本然习性，从而导致了无法挽救的伤害，更甚至是到了最终，鲁侯仍旧不知晓自己究竟错在何处。

虽言“己所不欲，勿施于人”，可若是执拗于“己之所欲，施之于人”，亦是一种戕害。自以为是对的好的，便一厢情愿让他人顺着你的对而吞声，“以己养养鸟也，非以鸟养养鸟也”，以己之心忖度的主观价值，造就一桩绝对的自以为是，成就一件相对的自作自受。不被了解的强加善意，往往比冷漠的恶意的伤害更大。冷漠甚至恶意，他人亦会在心中腾出警戒空间，根据情况作出适时的调整，备妥防御心态。可面对防不胜防的温暖善意，经常是以温水煮青蛙的模式，无心言说、无力反驳，终将导致好心肠成就坏结局。于是你或者是他，更甚至是我，又是否曾经历过死到临头之境，却仍旧摸不着痛痒之最致命的自我松懈，以及有苦难言的诸多感受呢。

故事引导二　少了羽翼的天使

祝你生日快乐！祝你生日快乐！祝你生日快乐！祝你永远

快乐！大部分的现代孩童，幸福洋溢地高唱4岁，更甚是3岁的《生日快乐》歌曲，心满意足地吹熄了愿望蜡烛后，我亲爱的孩子啊，根据专家的研究报告，学习务必要趁早，迟了可就不好了。所以呀，可千万不要再浪费时间，来进行专属于天真童年该有的调皮捣蛋了。在这竞争激烈的世时里，唯有拥有了出彩本领，才能享有自己的一方天地。

小小身躯如何成就战无不胜、攻无不克等所向披靡的大大菁英呢？因应时势所需的各项技能，培训媒体的大肆吹捧宣传，父母求而不得的遗憾愿望。于是，人生一道道以爱为名的长征远战，不能输在起跑点的杰出计划，于焉展开。蓝眼金发的外语学习、脑力激荡的数学游戏、妙笔生花的作文精炼，还有计算机、琴棋书画等，恨不能八千八百八十八般武艺无一不通。除此之外，还得用力牢记考试殿堂中所需具备的知识能力，想方设法挤进得以名副其实之高端学识的大窄门。

亲爱的孩子啊，不是我不教你做人处事、判断是非、品德陶冶和承担责任的道理，而是有着太多绕不开的第一需要你去即刻认证成全，成就了成绩，成交了功名，成效了利禄之后，你便可大大方方、心安理得地微笑转身，才能换得拥有更多舒坦的筹码来仰望蓝天，完善兴趣，展现骄傲。你可千万别对设定好的康庄大道存有一丝的怀疑与否定，既然大家都挤破脑门地使劲前行，你就别为没时间抱怨而心生抱怨，反正有的是大批陌生人等着与你并肩同行。即便是日复一日的枯燥重复，这场前仆后继的人生游戏之竞赛攻略，还是能够拥有空前绝后的精彩可期呢。咬紧牙关、保持笑容、展现自信，晚上不早睡、白天须早起，忍耐恒久远，本领永流传，便能撑出一道道现实中金光闪闪的坦荡路途。

活在以爱为名，再也无法展翅高飞的幸福绑架里，失去了自由、独立、特殊、变化、好奇、想象、空白、浪漫……童年贫瘠，成年窒息，换得了实际看得见的或是待看见的名利双收的骄傲专利。从前走过的路，昨天走过的路，这条早已被精心铺造的一成不变之星光大道，试问，少了羽翼的天使，多了金钻的城堡，有多少人为此付出惨痛的代价仍执迷不悟，又有多少人极力争取身、心、灵自主，却仍不免在不知通往何处的忙、盲、茫中惊惶失措。

少了羽翼的四不像天使，却仍不断地被督促需展翅高飞。谜一般的人生脚步，没了专属翅膀的漂泊，分不清哪条才是指标道路。尺有所短，寸有所长，丰满的理想，撑不起骨感的现实。终于明白了挫折是珍贵的，失败是被需要的，因为它和成功一样有极高的养分与价值。抛掷了束缚自我的模糊荣耀，心中的向往执着是否一如从前？意义在于过程，幸福源于细节，唯有自己才能将自我描绘成一幅得天独厚的人生画卷。在众人不约而同地滚入被制定为目标价值的一座精密的巨大机器里，一片苍茫死寂、灰白单调的世界中，缺少了羽翼的天使，丢失了原初的样貌，弄乱了个性的零件。叩一叩初心藏的是谁？敲一敲青春住的是谁？多了些能耐的折翼天使，是否依旧能够活成并找回坚信梦想的那一片郁葱绿洲呢？

第二节

任凭众窍巧，只取一浑沌

原文对焦

南海之帝为倏[1]，北海之帝为忽，中央之帝为浑沌。倏与忽时相与遇于浑沌之地，浑沌待之甚善。倏与忽谋报浑沌之德，曰："人皆有七窍以视听食息，此独无有，尝试凿之。"日凿一窍，七日而浑沌死。

（《应帝王》）

南海帝王名为倏，北海帝王名曰忽，中央帝王名叫浑沌。倏和忽这两个好朋友，经常前往浑沌的境地相聚相游，而身为地主的浑沌也总是善尽地主之谊，使得倏和忽两人享有着宾至如归的热情款待。为了答谢浑沌的真诚周到，倏和忽热切地商议着，要赠送一份什么样的特别大礼，以作为深厚友谊的答谢。经过了细心观察及多次讨论，最后终于达成共识。倏和忽一致认为：人们皆有眼、耳、鼻、口七窍，双眼观物、两耳听声、鼻孔呼吸、一口饮食，可唯独浑沌什么也没有，我们不妨试着为他凿开七窍吧！于是，他们便履行为浑沌凿开七窍一事。一天凿开一窍后，物象看见了，声音听见了，可以大吃大喝了，味道也闻到了。凿到了第七天，七窍全凿好了，畅通畅快了，礼物送到了，浑沌也死了。

据《庄子集释》，南海是显明之方，故以倏为有；北海是幽暗之域，故以忽为无；中央既非北非南，故以浑沌为非无非有者也。其“倏”，喻有象也；“忽”，喻无形也；“浑沌”，无孔窍也，比喻自然。倏、忽取神速为名，浑沌以合和为貌。神速比喻“有为”，合和比喻“无为”。

有无二心，会于非无非有之境，和二偏之心执为一中志，故云待之甚善也。倏、忽二帝，犹怀偏滞，未能和会，尚起学心，妄嫌浑沌之无心，而谓穿凿之有益也。不顺自然，强开耳目，乖浑沌之至淳，顺有无之取舍，是以不终天午，中途夭折。

又，关于浑沌一说，相传盘古开天辟地以前，天地间一片模糊，天地未分，浑然一体。而那模糊之境，便称为“浑沌”。因此，浑沌其实就是自然、素朴之一切存在的初始状态。以下就《山海经》《神异经》中对于浑沌的说法，让我们更为掌握浑沌的意涵。

《山海经·西山经》：“西三百五十里，曰天山，多金玉，有青雄黄。英水出焉，而西南流注于汤谷。有神焉，其状如黄囊，赤如丹火，六足四翼，浑敦（浑沌）无面目，是识歌舞，实惟帝江也。”

浑敦（浑沌）无面目，《应帝王》中的中央之帝取名浑沌，亦无面目。由此可见，这则寓言，显然是从《山海经》演化而来的。意思是说向西三百五十里，叫作天山，多产金属和玉石，亦产雄黄和石青。英水出于此山，而后注入汤谷。天山上有神鸟，形如黄色皮囊，红得好似一团火，六只脚、四对翅膀，浑沌没有面目，却能够唱歌跳舞，这个神鸟，其实它叫作帝江，亦是传说中中华民族的始祖呀！

《神异经》中亦记载着：“昆仑西有兽焉，其状如犬，长毛四足，似熊而无爪；有目而不见，行不开；有两耳而不闻，有人知往；有腹无五脏，有肠，直而不旋，食物径过。人有德行，而往抵触之；有凶德，则往依凭之。天使其然，名曰浑沌。”

昆仑的西边有一种兽，长相如狗一般，有长长的毛和四条腿，看起来像熊而没有爪；有眼睛却看不见，行动不便；有两个耳朵却听不见，却知道有人经过；有腹部却没有五脏，有肠子却是直而不弯曲，吃下的食物飞快地径直通过。有德行的人和它互相排斥，而无德的凶人却会趋附它。他没有一般感知外界的器官，无法和外界交流，与人相反对立。天帝见了它，便命名为“浑沌”。成为人类文明对立面之浑沌，便是故事涵摄的寓意。

倏、忽有恍惚、顷刻和瞬间之意。在《应帝王》中，倏、忽以神速为名，亦在讥讽倏、忽二帝做事急速而不假思索。倏、忽得其感官感知借以区别物我的七窍，有了区别的能力，便相对有了物我二分的成见，而成为了无法把握无为、成就无限之有为的种种局限性。一如大海和浪花，浪花看似千变万化，起落自在，却仍不免局限在大海恒静无为的造化中涌动，无法须臾自主。

文中“浑沌待之甚善”，说明了位居中央之帝的浑沌其实是个随心自然，能让访客倏、忽二帝宾至如归、自在自得的人。虽言浑沌，以其合和为貌，实是道的化身，与天地并生、万物为一，独与天地精神往来。其道永恒、天永恒、地永恒，即谓浑沌永恒。可倏、忽二帝，却给浑沌开了窍。可一旦开窍，自然就有了物我的区分能力，于是“整全”成了“有限”，“永恒”幻为“瞬间”，“瞬间”即“生”即“死”。倏、忽二帝以其神速譬有为，浑沌以其合和譬无为。最终浑沌已非浑沌，从而面目全非地导向灭亡。

浑沌开窍，此章寓言强调天道无为、本真难得。浑沌就是“无”，日凿一窍，“无”中生“有”，背“生”向“死”。因此做任何决策，必须尊重每个人的特殊性，要站在他人的立场着想，而非将个人主观且自以为是的想法，强行加诸客观的人事物之上。浑沌顺应自然无为的本性，便是生命自足的最高境界。“不以好恶内伤其身，常因自然而不益生也。”意思是说，不因好恶而毁损伤害自身的本性，经常顺任自然而不企图以其人为造作来为生命增添任何东西，才能达到尊重自然、安适无伤的纯粹姿态。倘若被倏、忽二帝屡屡以其智巧施恩的名义，用以生搬硬套的造物陶冶，设身处地的聪慧体恤，反倒使浑沌素朴本真的天性荡然尽失。到了最终，被强制冠上以爱之名待遇的浑沌，其人生下场亦不免趋于死亡。

《老子·第十二章》：“五色令人目盲，五音令人耳聋，五味令人口爽，驰骋畋猎令人心发狂，难得之货令人行妨。是以圣人为腹不为目，故去彼取此。”意思是说过分贪求缤纷色彩的享受，最后一定是眼花缭乱、视觉迟钝；过分追求听觉的享受，最后一定耳朵失灵、听觉麻木；过分渴求美味的享受，最后一定食不知味、味觉疲乏；过分纵情于骑马狩猎、追逐鸟兽，最后心情肯定放荡发狂、魂不守舍；过分冀求珍奇异宝，最后一定行为脱轨、身败名裂。所以有智慧的圣人，只求能满足生理的基本需求，而不去考虑更高的感官享受。因此，务必去除无尽欲念而返观内照、纯静心神。最后，才能回到最初本质纯朴的无华生活。

雨果曾言：“对物质过度热情，便是我们时代的一大罪恶。”苏格拉底亦道：“我们需要的愈少，就愈接近上帝。”任凭弱水三千，我只取一瓢饮；任凭众窍巧，只取一浑沌。巧饰是口陷阱，顺物方是王道，天地万物化生的原型样貌，本自具足。顺应自然、尊重规律、清净无为，不需倚靠人为外力的强行干预。耽逸于物质享乐是永填不满的迷失，唯有禀性精神自然的转化提升，才能了悟本源、适性发展、活出自我实践的价值与意义。

第三节

浑沌不露相，开窍便破相

精神主旨

天地与我并生，万物与我为一；

万物皆自然，自然则无为；

天道本无为，有为害自然。

天地与我并生，万物与我为一。天地和我共存一齐，万物与我合栽一体，摆脱于时间中变化生灭的生存压力，超脱在空间里之物我、大小差异的纷乱搅扰。人的身心能够一体交流，平衡无碍；人与自然亦能够互融一体，天人相洽。道本自然，浑沌不分；心普万物，任意自化。万物皆自然，自然则无为；天道本无为，有为害自然。无心无为无有，两两互不相伤，方得入乎道通为一之境地。

“彼亦一是非，此亦一是非。”意思是说，就强调事物的相对性而言，这样的道理和作为在这里是对的，可转换了时间空间的场域便不尽然是正确的。好比说：人长期处在潮湿的地方将换来腰酸背疼，可试想，身处于稀泥里的泥鳅，也会如同人类一样的腰酸背疼吗？又，人往大树上攀爬会心惊胆怯。再试想，优游森林的猿猴，亦会似人类一般心惊胆怯吗？天地万象，各自有其各自的相对标准与评判价值。我们却经常自自然然地以自身的标准、自以为是的准则，来作为行事的种种依据，径而放诸四海地加施于他人。

浑沌开窍中的倏、忽二帝便是一个典型的写照。太过偏执于自我认知狭隘的意念，极尽重视感官之功用，自认为是对的、好的、善意的思维标准，以其主观愿望强加于客观事物。倏、忽二帝，双方携手合作、默契十足，其乐融融地大肆改造浑沌，其结果却是造就了一命呜呼、不明为何的共犯结局。

理之在己，对错由己，是其所是，非其所非。全然不明白只要设身处地、感同身受地将其本性禀赋操存持守，便是能够顺应自然、相互敞开、完善俱足。“浑沌开窍”这则寓言拿来与当下对照，便可轻易发现，文明，即是人类想方设法企图改造自然的成果。而人类的历史递进，便是挥别愚昧浑沌，迈向崭新文明的进程。致力追求的高度文化，更上层楼的璀璨进程，欲以自身追逐的模样来打造自然，完善自然，步步将迫使人之为人的真心性情，消失殆尽于活活泼泼的人间世中。

《徐无鬼》讲述了子綦算命的故事。有位名叫子綦的人，生了八个儿子。某天，子綦邀请颇负盛名的面相大师九方歅，给儿子们观看面相，算一算谁的福气最旺。

九方歅答道：“梱的面相最好，福气最旺。”

子綦问："福在哪里？"九方歅回答："梱将来终生都会和达官显要同饮共食，终生不缺酒肉。"

子綦难过地流下眼泪说："我的梱儿何以歹命至此呢？"九方歅不明就里地问："和达官显要同饮共食，恩泽三族，更何况父母呢！如今您听闻喜事，何以伤悲至此呢？"子綦感叹地说："食多少酒肉，不过是口鼻肚腹的满足，又岂会知晓这些酒肉又是从何而来的呢？你想啊，家中从未放牧却跑出一只羊来，没有狩猎却平白无故地多出了一只鹌鹑。不觉得奇怪吗？难道是正常的吗？对于孩子们的教育，我向来要求他们与大自然遨游共舞，活在天地间自得其乐，从未要他们谋求世间富贵、追名逐利。如今您却算出其怪异的征兆，不谋而得的报偿，我才因此而止不住伤痛，认为我儿梱肯定是要大难临头、在劫难逃了。"

果不其然，不久梱便被派往燕国，途中遭遇强盗打劫。强盗担心他逃跑，便砍断了他的双脚，再将他卖给齐康公，为齐康公看门。齐康公家中吃剩的酒食就赏赐给梱吃，果然终生为奴的梱，就这样在食肉饮酒中困度其生。

顺任自然之道，合乎自然规则，无待无为，不使有为有待的人为造作纷扰，从而来相刃相靡，更甚至莫之能止。旁人仅见梱得以高枕无忧，饮酒食肉终生，却看不到他被强盗砍去了双腿，遭受了巨大的创伤。一如浑沌本无嗜欲，无待无求，一凿则亏，再凿又损，浑沌不露相，开窍便破相，终因日复凿窍而亡。

企图用自己有限的观点，去改造并强化无限的存在时，即便是出于善意，即使自认是推己及人，倘若对方不能欣然响应，无法接纳承受，毫无尊重感知，强求一律地被其人为地分割、解构、定位，失去了浑沌本该为浑沌的原本样貌，注定是悲剧。

天地与我并生，万物与我为一。万物皆自然，自然则无为；天道本无为，有为害自然。浑沌因其模糊无为，无心任化，更能体现出天道的特殊性、流通性、包容性、自在性。无所罣碍，虽有似无，放开了自我，放任了外物，才能得以逍遥自适于大化之境。于是，何不许一许一个不以主观热情的倏与忽，放手并认同浑沌的顺应自然、和谐无为呢？果真如此，深信便能够在你中有我、我中有你的默契情境中，相视而笑，相忘于江湖！

反思讨论

世间倏、忽何其多？人间浑沌何其少？悲剧果然是倏、忽所成就的吗？伤累果真是浑沌所应背负的吗？倏、忽以及浑沌三帝，如何能够共创三赢？

《诗经·大雅·抑》：“投我以桃，报之以李。”来而不往非礼也，这其中指出了文明古国、礼仪之邦的习惯和规矩，人与人间合乎常情的友好往来或互赠物品。只不过是作为报答的物品更显贵重，情意更为深厚。可思前忖后，别人待你不薄，你自以为是的回礼，果真是施惠者所愿所想的吗？轻者微笑接纳，辗转转送；重则七窍生烟，无力承载。倏忽二帝、父母、友朋、夫妻、情侣、长者、好为人师者……谁又何尝不是怀抱着以对方为好、愿他者为安的喜乐初衷，热情付出、真诚以待呢？

以己度人、以心度心。一个主动以一颗炽热的心努力报恩，一个被动以一身承载的痛无奈死去。一报还诸一报，若非是我要的恩恩怨怨，不能适时地止损停伤，终究也只能成为至死方休的遗憾落幕。恍兮惚兮的浑沌，象征了多少顺应自然的无为无心无欲，却敌不过有为有心有欲的强势造作戕害。在唯我独尊之霸权主义的热情下，反倒失去了真我。可惜了一个倏、忽眼观不到、心察不着如此缤纷灿烂的浑沌，就这么给成全成了苍白而单调的衰亡世界。

多一点灰色的同情理解，少一些非黑即白之唯我执拗。勿粗糙地对人定位、妄下定义，不要再用粗暴的立场，拿上帝的名义，来进行自以为是的悲悯解救。即便这个世界的最大地带是灰色的，可在灰茫茫的地带中，要成为灰的、白的抑或是黑的，又为什么是我们不可以决定的呢？

“菩提本无树，明镜亦非台。本来无一物，何处惹尘埃。”万物清净，无心无为，不执着于有心有为，不成心于巧饰手段，当下顿悟消解，才能够不生妄念，沾染有执造作的俗世尘埃。因此，各自放下封闭狭隘的排斥坚持，相互给予尊重，你有你的精彩美好，我亦享有个人不可取代的优秀特质。释放不同于己的璀璨光芒，倏、忽以及浑沌才能三互成全、共创三赢，即便是不同的文化相遇，亦能够真正成就和谐包容的所有可能。

唱和呼应

嗡嗡嗡，嗡嗡嗡
大家一起勤做工
来匆匆，去匆匆
做工兴味浓
天暖花好不做工
将来哪里好过冬
嗡嗡嗡，嗡嗡嗡
别学懒惰虫

（改编自儿歌《蜜蜂做工》）

南海之帝为倏，北海之帝为忽，
中央之帝为浑沌。
倏与忽时相与，遇于浑沌之地，
浑沌待之甚善。
倏与忽谋报浑沌之德，
曰：“人皆有七窍以视听食息，
此独无有，尝试凿之。”
日凿一窍，七日而浑沌死。

第十一章

罔两问景

第一节

忘了我是谁

故事引导一　天官喜赐福，且行且匍匐

《牛天赐传》是老舍的一部长篇小说。作者用惯常运用的黑色幽默笔法，渲染似的讲述了一个天生带有残疾，甫出生即遭弃养的生命，在一个小小资产阶级家庭里成长、堕落的悲惨故事。

牛天赐，象征着天官赐福，肯定上天赐给自家的福气恩泽。因缘际会地被牛家收养后，牛天赐遂开始了这段普通却又不甚平凡的人生旅程。身为商人的养父希望他尔后能够尽心赚钱，出生于官宦之家的养母则殷殷冀盼他能够竭力做官。在各种以牛氏夫妇规矩为名的畸形教育中，一个小小卑微的生命便在摇摇晃晃间成长了。

无规矩不成方圆。行起坐卧、手脚口鼻都得按规矩讲究。活着，便是规矩的积累，总得一丝不苟为好。牛天赐自己想向左倾，便有着必须向右靠的声声督促；自顾自地径自往上扬，外边则老有着强劲力道、钻天觅缝的向下按住。于是，所谓的“生

命”二字，便是活脱脱像是被线所牢牢提着操弄的玩具傀儡。

手指扬在空中随意画了个半圆，迅雷不及掩耳的恫吓声音便立即传来：“不！别指！”手指刚刚朝嘴边滑过，正要往里送，声音又来了：“干吗呢？不许吃手！”手指虚晃一招，搭讪着前往掏掏耳朵的风景区域，跟着便是：“又怎么啦！真没规矩，赶紧的，速速将手给放下去！”唉！有没有人可以告诉我，关于这手指啊，究竟该安置在哪儿为好为妥呢？

这是一个人性被扭曲异化的故事。相对严格的家庭教育使得牛天赐从小学会了察言观色，明白什么能说，什么不能说。除了只能事事盲从大人们的命令、敷衍糊弄大人们的指令，童年的天真没有了，自由发展的灵性殆尽了。生命便是拘束的积累，会的事越多，知道的事越复杂，接踵而至的束缚也就越多。施以各种措施强制管束孩子的大人们，抚养孩子的终极乐趣便是发挥大人们自身的价值与才干。相信若能及早发现并因此而来体认到这层道理的孩子们，便不会因为觅寻不着所谓的自自在在而痛不欲生了。

在经历了宠溺疼爱，费尽心思寻奶妈、请老师、择学校的养母病逝，接着养父生意破产，随后也撒手人寰，以及家中被不明身份的亲戚抢劫一空，遭逢人生的巨大困境，一无所有却能自在呼吸的牛天赐，竟也活生生地把自己也给弄丢了。

牛天赐，实际上是成长过程中经常遭受各种磨难的孩子的缩影。可没有自我的人性教育究竟是如何被逐步浸渍养成的呢？在当时的社会背景下，成长过程是十分艰难的，牛天赐不仅要接受来自社会各方面的压力，还需一肩扛起来自内心的巨大压力。生活是真真实实、活活泼泼的，可牛天赐偏偏最不擅长的就是面对真实活泼，因为自小便是在真真实实、活活泼泼里失去了他所能想象遨游的诸多自主能力。

归去来兮，田园将芜胡不归？既自以心为形役，奚惆怅而独悲？悟已往之不谏，知来者之可追。实迷途其未远，觉今是而昨非。（陶渊明《归去来兮辞》）

这是代表着陶渊明人生转折的抒情小赋。意思是说快快回去吧！田园都将要荒芜了，为什么还不回去呢？既然自己的心灵长期被形体躯壳所役使，那又为什么要如此悲伤失意呢？如果顿悟到过去的错误已是无法挽回，可又清楚未来的事情尚能补救。即便确实是踏入了迷途，所幸还没将自己丢失得太远，已彻悟到如今的选择是正确的，那么曾经的行为才该是迷途。因一悟、一知、一觉，从而从心从新地认识了自我、把握了自己，并因此获得了新生。

无限向往着世道的公平一直是老舍所欲追求的理想。活得太累的时候，勉强自己太多的时候，迁就别人过久的时候，便容易忘却自己的世界究竟是在何处了。天官喜赐福，且行且匍匐，你的人生生命走向，究竟是要主体在己、主权在握，还是要在别人的操持把弄之中，颠颠簸簸地匍匐晃荡呢？即使早已是支离破碎的干涸灵魂，只要愿意将自己变成一个人，成就一个人之为人的人，一个若能将自我主权轻轻地安置于掌心的人，根底扎稳了，便不会因其所待所求而随波逐流。如此一来的自信和从容，无关顺境逆境，造次将于是呀，颠沛必于是呀！

故事引导二 同是天涯沦落人，相逢何不相体恤

“衣柜”长叹一声，不屑地向置放在柜子里的“衣架”提出抗议：“你一会儿展现被沉甸甸的各式衣物挂满的骄傲，不一会儿又摆出空无一物的瘦骨嶙峋的姿态。我说你这衣架啊，一下被衣物挂满得喘不过气，一下又哀叹乏人问津之空空如也，你难道就不能带有自己的个性吗？不能自己决定要不要被衣物垂挂，抑或是选择形单影只的孤独感觉吗？”“衣架”听后，白了“衣柜”一眼说道：“你干吗呢！为何要问这样不具意义的小问题呢！我难道知道原因吗？我也不晓得是何缘故呀！我难道是因为有所等待才会这样子的吗？”

“既然你衣柜都这样说了，我也打算趁这个机会好好地问一问衣物们，”于是衣架转头向新旧衣物毫不客气地问道，“衣物女士们！你们这是怎么啦？开心的时候，一件件撒娇似的向我炫耀与众不同的特别；生气的时候，又一件件粗鲁地重复披挂，叠床架屋式的压迫，几乎让我喘不过气来了呢。可到了旅游旺季，精心装扮之后，又一件件奔飞至衣架外，不见衣影。你们怎会那么没有独立的意志呢？撒娇倾靠式的单件披挂，粗鲁多层式的随意垂挂，又或是自我放逐式的冲出衣柜。你们不

能自己决定要扮演何种角色吗？又，去留之间，果真没个主心骨吗？”

衣物听罢，长吁一声回复道：“你认为这是我们所愿意的吗？我们又何尝想要如此这般地度日呢？回想主人刚领我进家之际，经常是爱不释手地将我拥入怀中，恨不能诏告天下，我这独一无二的衣物本人，便是能够让她得以体面美丽的不二宝物。甜言蜜语，言犹在耳，可谁又知道，不必等到迟暮，不需丁点罪名，三两天后，没有理由，轻轻松松、薄情寡义地就这么被打入衣柜冷宫，再无见天日之机会了。我噙着不明就里的泪水，眼睁睁地看着和我身处于喜新厌旧相同遭遇的这件衣物及那些衣物。如今你这衣架先生不同情我无奈伤悲的际遇就算了，竟还来质问我，埋怨我，那我这满腹的委屈又该往何处宣泄呢？我该责怪谁好呢？我又何尝不是被主人所牵动支配的呢？将我支配牵动的那个人，难道会事先告知我吗？能够因此而为我设身处地地换位思考吗？”

“衣柜”“衣架”以及“衣物”，喋喋不休、絮絮叨叨的哀叹好巧不巧地竟被主人给听到了。主人一脸无辜地回应道：“你以为我是这样的人吗？我果真愿意这样做吗？我能够自行决定，自己作主吗？我必须经常得随着不同身份，适时地更换不同的造型装扮。我既是父母的孩子，又是孩子的父母；是人家的领导，又是人家的员工；是生产者，也是消费者。我既是诸多的“是”，同时又是众多的“又是”，看似“被所待”“被依赖”，其实是个“有所待”“需依赖”。这难道是我愿意的吗？

谁不愿将主权回归自身、把握手中呢？

举例来说，子女上头有父母，父母上头又有父母，父母的父母还是父母……每个人都在这因果链条中，被层层包裹地身不由己地生存着。既然大家处境堪怜、境遇堪忧，既然同是天涯沦落人，相逢何不互相体恤打气呢？可仔细一想，若履行了同是天涯沦落人，相逢何不相体恤的同情理解后，问题仍旧是滚动的而无法停歇，被主宰的无奈之轮难道会因此而停止运转吗？

如何能将自主之权得以操之在己，不让自己成为他人的影子，让每个人识得本来面目，得以当家作主呢？关键是要抛掷循环相推的“有待”，丢弃层层节制的“依赖”，当人事物得以在物物间各自独立，互不相扰、互不相恃，各自努力于无他中自在、逍遥里超脱，便不会随声附和，不再随波逐流于人事物的牵引流落而身不由己了。

第二节

记得我是谁

原文对焦

罔两[1]问景[2]曰："曩[3]子行，今子止；曩子坐，今子起；何其无特操[4]与？"景曰："吾有待[5]而然者邪？吾所待又有待而然者邪？吾待蛇蚹[6]蜩翼[7]邪？恶识所以然？恶识所以不然？"（《齐物论》）

注释：①罔两：影子外围的那道微阴影。一作"蝄蜽"，为神话中山川之精物，必须躲在影子中才能生存。 ②景：影子。 ③曩：从前。 ④特操：独立的操守。 ⑤待：依靠，凭借。 ⑥蛇蚹：蛇肚腹下的横鳞，蛇赖此行走。 ⑦蜩翼：蝉的翅膀。

影子外围的那道微阴影对着影子说道："你刚刚才走动，现在就停下来了；方才坐着，现在却又起身站立，怎么会这样一点儿都没有独立自主的操守个性呢？"影子回应道："我是因为有所等待才会这样子的吗？我所等待的又是有所等待，才会因此这样子的吗？我的等待啊，就好比如说蛇依靠着腹下的鳞皮爬行与蝉倚仗着双翼而飞是一样的意思吗？我怎么会知道是不是这样呢？我又哪里能晓得为什么不会是这样的呢？”

《齐物论》中“罔两问景”这则寓言，也同样见于以下所列之可资相互参照的《寓言》中的“罔两问景”。杂篇《寓言》多为后世庄学所作，故以其内篇《齐物论》为其源本。

众罔两问于景曰：“若向也俯而今也仰，向也括撮而今也被发，向也坐而今也起；向也行而今也止，何也？”景曰：“搜搜也，奚稍问也？予有而不知其所以。予，蜩甲也，蛇蜕也，似之而非也。火与日，吾屯也；阴与夜，吾代也。彼吾所以有待邪？而况乎以无有待者乎？彼来则我与之来，彼往则我与之往，彼强阳则我与之强阳。强阳者又何以有问乎！”　　（《寓言》）

影子外围的那道微阴影向影子问道：“你刚刚低下头，现在又抬头；刚刚才束发，现在则是披发；方才坐着，现在却又起身站立；不是才刚刚走动，现在又停下来了。这又是为什么呢？”影子回答道：“区区小事，又何必问呢？我就是如此，但其实还真不知道为何如此呢！我啊，就好比是蝉脱下来的壳，蛇蜕下来的皮，好像蝉壳与蛇皮，但其实也都不是。遇到了火光与阳光，我就出现；可遇见了阴暗与黑夜，我便消失。形体果真是我所要等待的吗？又或者并非是我所要等待的呢？如若它来，我便随它而来；如若它去，我将随它而去；它活动，我便随它活动。仅仅是个活动罢了，又有什么好问的呢！”

《齐物论》和《寓言》这两则寓言中的发问者皆是罔两。而什么是罔两呢？罔两作“魍魉”或作“罔阆”。一指古代传说中的一种精怪。如《左传·宣公三年》：“螭魅罔两，莫能逢之。”二喻凶恶的坏人，如宋无名氏《张协状元》戏文第五出：“腌臜打脊，罔两当直，着得随它去，路上偷饭吃。”三指心神恍惚、无所依据的样子，如《楚辞·东方朔·七谏·哀命》：“哀形体之离解兮，神罔两而无舍。”四指影子外围颜色较淡的部分，也就是影子边缘的淡薄阴影，这也正是《齐物论》和《寓言》这两则寓言所要表达的意思。但为因应庄子丰富思维的想象能力，我觉得将罔两解释为“影子外围的那道微阴影”则更为妥当。

影子外围的那道微阴影的罔两深感影子仿佛是件附属品，一点也没有影子身为影子所当具备的独立操守与中心思想，于是不满地发出质问。不料影子的解释竟点出了所有问题的根源及症结。影子答复罔两，你哪里晓得我的苦痛呀？我本是出于自愿如此的吗？动不动就要跟随着形体的不事先告知且毫无自主性的“行、止、坐、起”，你难道看得出来我是欣然乐意的表情吗？我又何尝不愿独立、当家作主呢？

“恶识所以然？恶识所以不然？”便可以一语道破物物相待的因果关系了。我是因为有所等待才会这样子的吗？我所等待的又是有所等待，才会因此而这样子的吗？罔两不能脱离影子，影子不能脱离形体，而形体又是依靠其他什么力量才得以生存的呢？又，罔两只是自顾自地埋怨影子逼得罔两无法做自己、成全自己，却又必须依附影子的诸多无奈。可罔两却不设身处地地扪心自问，罔两自己是不是同样也成为了其他抱怨罔两无法独立自主、自力更生的对象了呢？依此类推，并继续思索：浩瀚宇宙中究竟什么才算得上是真正的实体？天地间的真正主宰又在哪里呢？

罔两抱怨影子受人控制，没有自我意识，可罔两依附在影子之下，更是没有自己的独立意识。换言之，那么身为形体的人呢？在人之上是否有个更高的意识在掌控着我们呢？我们一天到晚高谈阔论的自由平等、自由无价，是否同样也意味着仅仅是自我安慰的一种假象呢？人为群体性的动物，很难不依傍他者而自顾自地独立生存。万物无不然是相对而互依为一体的，罔两依附于影子，影子依附于人，人亦有其千千万万必须依附的借口、理由。于是，我们是依附者，也是被依附者；既是操纵者，也是被操纵者。有所待，便无法拥有人格上的真正独立的自主操守。所谓的“嗜欲深者天机浅”，等待之物太多，欲求之心过甚，你将很难不被物欲支配，一路紧紧跟着，随波逐流，茫茫然而不知所措。盲目跟风，将导致扼杀自我，终因不知为何而战的不知所以然而然地，而来与大批的陌生人莫而名之地共存共生了。

罔两于是向影子祷告，因为罔两害怕影子。
罔两害怕，害怕睡前的黑暗会吃了罔两，
但罔两无法吃下黑暗。
害怕影子是光束，形体是开关；
害怕墙上的物形，知道一切真相；
害怕雨会变大，太阳变老；

害怕影子会说谎，或者什么也不说。

罔两害怕今天的害怕，会继续膨胀。
罔两想逃跑，但无处可逃。
倘若离开了影子，逃跑将不具意义，
因为，
罔两实在害怕所有存在与不存在的害怕。

法国哲学家阿尔贝·卡缪言道：“对未来的真正慷慨，是把一切献给现在。”内心坚定，不生恐惧，在这逃无所逃、无法抛掷且必须互相依附的关系当中，不必有心地执着去依附，或是刻意地不依附。时刻提点自己，保持内心清明，无心、无为、无待，外化而内不化的来恒定住“知其不可奈何而安之若命”的把握。不拘限于命的有限性，能够依而不恃，可以依无所恃，超越重重窒碍，化有限为无限，便能作为把握得住自己的自在逍遥啊！

“恶识所以然？恶识所以不然？”我是因为有所等待才会这样子的吗？我所等待的又是有所等待，才会因此而这样子的吗？人的一生好比置身在诡谲多变的长途旅行之中，无论路途如何颠沛流离，风光如何跌宕起伏，只要笃定踏实，不忮不求，时刻保持心中风景的那一份舒卷静谧，肯定着这样的一片美好，从何处来亦知于何处返的安适自在，各自依附又知各自自返独立的美丽境界。那便应该是：嗨，影子，我回来了；嗨，罔两，感谢你还在；嗨，形体，依旧充实而能量饱满；嗨，我们终能各自精采独立而优雅并存了！

第三节

再见我是我

精神主旨

知其然知其所以然，

然与不然由心做主。

罔两有待于影，影又有待于形，形亦有待于身，如此一来的周而复始、往返循环，成就了无限之相待。若问所待为何？何以故？实是人心执迷不悟的种种造作使然。

罔两被影子役使，影子又被形体役使，而形体同样又被“他者”所役使。同样地，“他者”仍旧不能幸免于“另一他者”的种种牵制驾驭。于是，物物皆受其“他者”所役使主宰，放失自我、遗失本我，因日日追逐一己之欲而时刻不能止息于被其“他者”所操持把弄。告别了本来面目，模糊了初心来路，终将导致永无喘息的逐物不返之境。

知其然知其所以然，知道它是这样的，也清楚它为什么是这样的，你才能够正确判断，并实践你所认为有其实践价值的

“然”，而不会被其贪嗔痴诸多有待的种种迷惘中的“不然”给牵绊住。知道了事物表面的有所执取、有所待的“不然”现象，也清楚了事物能够无心无为无所求的“然”的本质及其产生的原因。明白了“然”与“不然”，是属于人生逃无所逃的择选，是每一个当下存在必须面对的课题。而属于拥有形体的那一个你，究竟该归属于“然”还是“不然”呢？

透过了“罔两问景”的一问一答，像是自我探询的层层对话，逼出了当下问题的源头，揭示了在复杂多变的人际关系中，我们从无例外都是别人的影子。如影随形，形影竞走，逐影追形而不知返。然而，我是因为有所等待才会这样子的吗？我所等待的又是有所等待，才会这样子的吗？然与不然终究须由心做主，因为心是通往世界唯一的道路。可是心又该如何拿回主权，从而当家作主呢？

“今者吾丧我”，意思是现今当下“心灵的我”将“形体的我”给消解摆脱掉了。心本于形躯之中，如今属于心灵的我挣脱了自己的形躯，将自我的形躯化解掉了、释放开了。既然我已然能够摆脱形躯的负累与执拗，心从形躯里被全然地解构出来，因此便能得到全新的自己。“今者吾丧我”，心灵得到自由的主导权后，便能在修养功夫的天地之间自得遨游。可是“罔两问景”所要阐述的真实生命其实是物物相依、心物一体的罔两“形”自罔两“心”，影“心”自影“形”，形体“形”自形体“心”，身“心”自身“形”。心灵与形躯是构成生命的实存，不可能偏执心灵而丢掷形躯，或是只存形躯而放手于心灵。可见由心作主的然，依旧是要在“心形”合体中，才能彰显出以“心”当家的独立修养的真知蕴蓄。

“形有所忘，德有所长。”忘掉绊住你成长的那个形躯，你的德行才能够有所成就。“彼有骇形，而无损心。”你的形体会在载浮载沉的人世间中与之变化，却不能减损你的初心。勿存心依傍，亦勿存心不依傍；让心作主，由己当家；成心若除，所执亦去。拿回生命的主导权，见物之无所待而各是其所是，诚然地做自己，才能于无待随顺之中成就逍遥的大好自在。

印度哲学家克里希那穆提在《人生中不可不想的事》中说道：“如果你总是依赖着别人给你快乐，这不止是外在肉体的依赖，而是内在的、心理上的依赖。从其中，你或许会获得所谓的快乐。但你一旦这样依赖别人，你就变成了他人的奴隶。”于是，知晓了因有待而形成了执取困顿的不然，抛掷了“恶识所以然？恶识所以不然？”的无奈迷惘，完成自己心中无待无求的理想自己，而非依附他人心中的理想自己，才能于有待的觉知觉醒下，照现自己所有真善美之种种安好。

生命的道途，充满了诸多无能为力的身不由己，是否能够随心所欲、自在自主地为自己的人生做出一切的决定呢？努力不让自己成为影子，更不要让自己成为罔两。自己无待一切无待，因其无待，心志得以自由，道便会在吾人自身呈现，成就用心护持自我的可贵价值。然与不然由心做主，让心彰显，识得本来面目。透过形体生命的真正落实，将自我安放在道境之中，达到无待的最高境界，才能对其自身价值给出无入而不自得的真实肯定。

反思讨论

咖啡因是不是因呢？奇异果真是果吗？罔两是不是果呢？影子又真能代表因吗？不落入红尘俗事的因果迷惘中，如何能够成为可能呢？

自然之道无他，变化莫测而已矣。没有固定的君，亦无固定的臣，依傍不依傍，便是变化之道。不心存依恃，也不存心不依恃，因其存心，因为心存有执，便会升起无名造作的各种荒谬，而和自然无待背道而驰了。

然而说到了因果现象，就字面上的意义来看，咖啡因是不是因呢？奇异果又果真是果吗？咖啡因和奇异果皆是涵义丰富的，且无法将“咖啡因”中的“因”与“奇异果”中的“果”各自拆解分割出来的名词。又，在“罔两问景”中，依附于影子的罔两是不是果呢？然而影子又真能代表罔两的因吗？追求自身自在的价值意义，究竟如何能够成为可能呢？

被其依附无法须臾自主之所待所为的世界里，即便是安安静静地等待，坐在那儿一动不动，因其有执有为的念想，内心世界不免坍塌，一地狼藉。于是，自己无待便一切无待，自我平齐将一切平齐，不坠入依恃不依恃、有所待有所不待的无限因果循环中，亦不落入红尘俗事的无限因果迷惘中，而来天涯流落的一路一因一果的滚而不返。让心作主，由己当家，拿回本属于自己的本我天真，在自我实现的成长价值中，不停地叩问自己：要与不要？该与不该？能与不能？最后，在找到自己正确的人生轨道后，方得以从心出发，才能成就可能，活出生命的内涵价值。

唱和呼应

宁静的夏天	罔两问景曰
天空中繁星点点	曩子行今子止
心里头有些思念	曩子坐今子起
思念着你的脸	何其无特操与
我可以假装看不见	吾有待而然者邪
也可以偷偷地想念	吾所待又有待而然者邪
直到让我	吾待蛇蚹蜩翼邪
摸到你那温暖的脸	恶识所以然　恶识所以不然

（改编自李正帆作曲、作词，梁静茹演唱《宁夏》）

第十二章

每下愈况

第一节

道彰显于世态人情之中

故事引导一　卑微中见道

杨绛（1911—2016），本名杨季康，江苏无锡人，著名的作家以及文学翻译家。其父杨荫杭是江浙闻名的大律师，因而成就了杨绛于书香门第中的嗜书如命。1932年进入清华大学就读，相遇了志同道合的钱钟书，自此相濡以沫，白头偕老。著有《干校六记》《洗澡》《我们仨》《走到人生边上：自问自答》等，创作剧本《称心如意》《弄真成假》，译有《堂吉诃德》《斐多》等。

回首多年前，杨绛于《坐在人生的边上——杨绛先生百岁答问》中说道：

我今年一百岁，已经走到了人生的边缘，我无法确知自己还能走多远，寿命是不由自主的，但我很清楚我快“回家”了。我得洗净这一百年沾染的污秽回家。我没有“登泰山而小天下”之感，只在自己的小天地里过平静的生活。

细想至此，我心静如水，我该平和地迎接每一天，准备回家。

在这物欲横流的人世间，人生一世实在是够苦。你存心做一个与世无争的老实人吧，人家就利用你欺侮你；你稍有才德品貌，人家就嫉妒你排挤你；你大度退让，人家就侵犯你损害你；你要不与人争，就得与世无求，同时还要维持实力准备斗争；你要和别人和平共处，就先得和他们周旋，还得准备随时吃亏。

少年贪玩，青年迷恋爱情，壮年汲汲于成名成家，暮年自安于自欺欺人。

人寿几何，顽铁能炼成的精金，能有多少？但不同程度的锻炼，必有不同程度的成绩；不同程度的纵欲放肆，必积下不同程度的顽劣。上苍不会让所有幸福集中到某个人身上，得到爱情未必拥有金钱，拥有金钱未必得到快乐，得到快乐未必拥有健康，拥有健康未必一切都会如愿以偿。保持知足常乐的心态才是淬炼心智、净化心灵的最佳途径。一切快乐的享受都属于精神，这种快乐把忍受变为享受，是精神对于物质的胜利，这便是人生哲学。

一个人经过不同程度的锻炼，就会获得不同程度的修养、不同程度的效益。好比香料，捣得愈碎，磨得愈细，香得愈浓烈。我们曾如此渴望命运的波澜，到最后才发现：人生最曼妙的风景，竟是内心的淡定与从容。我们曾如此期盼外界的认可，到最后才知道：世界是自己的，与他人毫无关系。

杨绛，行过一世纪的女子，并非风平浪静地度日，却仍执守着乐天安命的自我之“道”，在优游觅寻属于自我完善的道境之中，安时而处顺，不以哀乐入之，从而完成了以一个小小卑弱之我，大大绽放他者之个人生涯中“道”的成全与使命。

唯有身处卑微的人，才能看到世态炎凉的真相，体现个人生命之“道”的意义。万物虽因其时间、空间的递换而有着兴衰起敝之种种变化，但运作于万物的道却是无物不存、无所不在的。苏东坡说：“惟江上之清风，与山间之明月，耳得之而为声，目遇之而成色，取之无禁，用之不竭。是造物者之无尽藏也，而吾与子之所共适。”于是，道不仅仅运作万物、普遍万物，更是内化于万物的无尽宝藏，而非常人所识得的，道仅仅只属于造物者的一种神圣且高不可攀的悬空概念。

上善若水，水善利万物而不争。处众人之所恶，故几于道。居善地，心善渊，与善仁，言善信，政善治，事善能，动善时。夫唯不争，故无尤。（《老子·第八章》）

比如圣人上善的生命人格，似水一般。水善于润泽万物而不与万物相争，栖留在众人所厌恶的卑微之地，所以是最接近于“道”的高贵表征。上善的人，居处最善于选择地方，心胸善于持守沉静而莫不可测，待人善于真诚友爱和无私，说话善于恪守信用，为政善于精简处理，做事能够善于发挥所长，行动善于把握良机。至善的人的所作所为也正是因为有此不争的美德，便没了过失，亦不造就怨咎。

一如晚年的杨绛，在历经爱女与丈夫相继离世，独居北京三里河的一间朴素的公寓里，说道："我的丈夫钱钟书逃走了，我其实也想逃走，但是能逃到哪里去呢？我压根就无法逃啊！还得留在人世间，打扫现场，尽我应尽的责任。"于是，80多岁的杨绛翻译了柏拉图对话录《斐多》，并自称是"做一件力所不逮的事，投入全部心神而忘掉自己"。她还将英国诗人兰波的一句诗译成中文：

我和谁都不争，和谁争我都不屑；我爱大自然，其次就是艺术；我双手烤着生命之火取暖；火萎了，我也准备走了。

世间好物不坚牢，彩云易散琉璃脆。一个散文尤似清茶，芳香沁人的才女，在人生的道途中，突破了"初极狭，才通人"的一道道苦难经历，在读懂生命真谛之字里行间的天地中，不住地审视淬炼，从而升华至"豁然开朗、土地平旷"的深泓境界。

最高贵的生命，总是藏匿于最不起眼的低贱之处。由此可知，道虽遍施于万物，然而万物亦需在奋起超拔的精进对应中，才能够得以朗现出道的根本意涵。究其实，便是要在亲近道的进阶成长之中无掉了自我，放开了自我，真真切切地由小至卑微处领略到"道"的发显，从而给出了万物完成自我并成就自我之道的生命真机。

故事引导二 命运中体道

“只要你能够履行我所赋予你的一项任务来作为回报，那么你也将能够成就你的心愿。”这是电影《命运咖啡馆》里再三呈现的一幕。

看似普通寻常的咖啡馆里，一个谜样的男人浏览着他手中那个写得密密麻麻的厚重的笔记本，然后从容而又淡定地聆听坐在餐桌对面焦虑而又满怀期待的请托者。请托者娓娓诉说着他们各自无法为外人道的秘密遭遇。

警察想找回遭人偷窃的钱？但他得先去袭击一个陌生人。

父亲殷盼儿子能够奇迹康复？但他得先杀掉一个小女孩。

修女渴求上帝的爱？但她得让自己先怀孕。

女子想要变美获得真爱？但她得去抢劫。

……

“你是魔鬼吗？怎么可以要我去做那么可怕的事情来作为问题的交换回报？”

“你可以选择不要呀！”谜样的男人露出诡谲的笑容应答着。没错，看似雪中送炭的他，的的确确是在趁火打劫之中，喂养着每个想要满足内心贪婪的愿望魔鬼。

导演说道：“这个神秘的男人是谁？源于何处？规则由谁制定？皆非本剧重点。这是一群渴求能够逆转人生困境以及冀盼奇迹发生的个别请托者，如何选择、值与不值以及后果承担，皆由请托者自行决定。”其后，他们时不时地会返回咖啡馆，告诉这谜样的男人，经过选择后的生活是如何受到改变的。无论如何，男子总是能够耐心倾听着。被密密麻麻笔记记载的所有客户，看似无关却竟如蝴蝶效应般环环相扣，逃无所逃地演绎出无法分割的人生际遇。

任务一再挑战道德底线，人性的善恶被赤裸地摊置在一张不甚起眼的咖啡桌上。因果命运不断地跌宕往复，遂逼显出自我必须在天使与魔鬼间做出断舍抉择。吃力不讨好的魔鬼，因着“道”普遍于良知本性的内心而渐次与其日久情疏，最后，更是看穿了不再受其接纳与欢迎，便也只能够悻悻然离开。而在剧终，亦是出乎意料地达成了每个请托者的心愿，留下了道道在人间彰显的精彩余韵。

有物混成，先天地生。寂兮寥兮，独立而不改，周行而不殆，可以为天地母。吾不知其名，字之曰道，强为之，名曰大。大曰逝，逝曰远，远曰反。故道大，天大，地大，人亦大。域中有四大，而人居其一焉。人法地，地法天，天法道，道法自然。

（《老子·第二十五章》）

有一物体浑然天成，在开天辟地之际便已然存在。听不见它的声音，也望不着它的形体，寂静空虚，不倚靠任何外力而独立长存，永不止歇，循环运行而永不衰竭，可以成就万物的根本。我不知道它的名字，所以勉强把它称作“道”，再勉强给它起个名字叫作“大”。它广大无边而运行不怠，运行不怠而伸展遥远，伸展遥远而重返本原。所以说道大、天大、地大、人也大。宇宙间有四大，而人是居在其中之一。人取法地，地取法天，天取法道，而道则是纯任自然。

体道的人肯定通达事物的道理，通达事物道理的人，便不会让外物来折损自我的本性，保全自我的本真天性便是保全自我内在的真实生命。《命运咖啡馆》中的每个请托者皆是意欲成就幸福的共犯，辗转反复，心中的不安不忍，便是在道的润物涵养下，愿意真实地面对、接受，并处理放下。因着道内化于心中不断地与自我叩门答问，终于逼出最纯粹的自己，从而心甘情愿抛掷掉种种伤人害己的可怕念想。

谜样的男人，诡异的笑容，就像是被黑暗紧紧笼罩，却又在道的含藏蕴蓄之中发显而熠熠普及于众请托者。将万物回溯到它的根源，以道观之，物无贵贱；因道遍及，天地大美。雨露均沾，故能在自自然然的道化之境中，安于内己，化于外物。道大，天大，地大，人亦大。精神生于道，人亦在道的无限孕生中开发能量、卓成智慧。由此而独与天地精神往来，与造物者同游，命运中体道，气象中迎道，从而共游于道的究竟真实之中。

第二节

每下愈况还是每况愈下

原文对焦

东郭子问于庄子曰："所谓道，恶乎在？"庄子曰："无所不在。"东郭子曰："期而后可。"庄子曰："在蝼蚁。"曰："何其下邪？"曰："在稊稗①。"曰："何其愈下邪？"曰："在瓦甓②。"曰："何其愈甚邪？"曰："在屎溺。"东郭子不应。庄子曰："夫子之问也，固不及质。正、获之问于监市③履狶④也，'每下愈况'。汝唯莫必，无乎逃物。"

（《知北游》）

注释：①稊稗（tí bài）：泛指小米、野谷之类。 ②瓦甓（pì）：瓦片、砖块。 ③监市：市场管理员。 ④履狶（lǚ xī）：踩踏猪的小腿以检验猪的肥瘦。

庄子因为博学，所以经常有人向他请教问题。有位东郭子问于庄子："所谓的道，究竟是要在什么地方才能够得以显见呢？”庄子答道：“无所不在。”东郭子听后便问：“那么请您举个例子说明吧。”庄子回答：“在蝼蚁里面。”东郭子不解道：“怎么会在如此卑微的地方呢？”庄子再答：“在杂草之中。”东郭子道：“为什么又更卑下了呢？”庄子回复：“在瓦片砖块之中。”东郭子说：“这话为何越说越过分了呢？”庄子回答：“在屎在尿里。”听到这里，东郭子便不再作声了。

庄子这才解释道：“先生的问题根本就没有触及实质。举例来说，有位名叫获的市场管理员向屠卒询问判定大猪肥瘦的要诀。屠卒回答道：‘那必须得用脚踩着猪的小腿来检验猪的肥瘦，越向下踩便越是能够判断肥瘦。因为小腿部分最不易长肉，倘若这部分的肉愈多，便可以知道猪愈肥了。’”因此庄子对东郭子说道：“你大可不必如此提问，因为道是不会离开一切事物的。”

“每下愈况”的成语便是由庄子和东郭子的对话而来的。“每下”即是每次用脚往下踩去，“愈况”则是越能够知道猪的肥瘦情况。意思是指越从低微、越是向下深入探求，就越能够了解事物真实的样貌。

东郭子代表着一般人对于“道”的根深蒂固之价值判断，以为道非得是望尘莫及的高深学问不可。蝼蚁、稊稗、瓦甓等泛指价值形态较低的存在形式，庄子认为道内在于这些事物，既强调了道无所不在，也肯定了作为存在本原依据的道与之具体事物并无扞格，打破了界线，与之共存相依。无色、无味、无相、无形的道即是道的本体，因其如此，更显其不可思议之精微奥趣。而当道产生其作用时，万物亦随顺变化，同融于道的普遍存在特性之中。

汝唯莫必，无乎逃物。至道若是，大言亦然。周、遍、咸三者，异名同实，其指一也 。尝相与游乎无有之宫，同合而论，无所终穷乎！尝相与无为乎！澹而静乎！漠而清乎！调而闲乎！寥已吾志，无往焉而不知其所至，去而来而不知其所止。吾已往来焉而不知其所终，彷徨乎冯闳，大知入焉而不知其所穷。物物者与物无际，而物有际者，所谓物际者也。不际之际，际之不际者也。谓盈虚衰杀，彼为盈虚非盈虚，彼为衰杀非衰杀，彼为本末非本末，彼为积散非积散也。（《知北游》）

庄子接着说道："你别老是执着于己见，因为天地万物皆是逃无所逃的。至高的道是如此，伟大的言论也是一样的，不应该一味要求确指道的所在方位。道不离物，无所不在，所以说道是周全、普遍、完全的。'周''遍''咸'三个词语所说的都是道的周遍于万物的特性。让我们试着一同遨游于无何有之乡，混杂于万物作为同等谈论，便可知悉一切都是无穷无尽的，且让我们试着一起无所作为吧！一如恬适而安静啊！漠然而清幽啊！调和而悠闲啊！心志如此地空虚寂寥，出去了而不知将会到达何处，回返了也不知会停在哪里。我如此地往往返返啊竟也不知道终点究竟在哪里，翱翔于辽阔无边的境地，运用最大的智力，也不晓得边界在何处始能穷尽。主宰万物的道与万物之间没有分际，然而物与物则是有分际的，便是所谓万物之间的分际。无分际的道寄托在有分际的物之中，就像是有分际的物寄托在无分际的道之中。以其盈虚衰杀来说，道使物有其充盈虚空而物自身并没有充盈虚空；道使物有衰退消杀而物自身并没有衰退消杀；道使物有始终而物自身并没有始终；道使物有聚散而物自身并没有聚散。

以上说明了道虽是变化莫测、不易捉摸的，却又实存于万物之中。郭沫若认为："宇宙万物认为只是一些迹相，而演造这些迹相的有一个超越的感官，不为时间和空间所范围的本体，这个本体的名字叫'道'。"即便物有盈虚衰杀、聚合始终，皆不影响道既超越又内在的价值特色。道体是无限的东西，无时不在，无处不在，无所不在。所谓的"以道观之，物无贵贱"，从自然的常理来看，世间万物毫无贵贱之分，蝼蚁里有它，稊稗里有它，瓦甓里有它，屎溺里有它。因此冯友兰便认为："道为天地万物所以生之总原理。"故"每下愈况"便是用来说明无论任何卑微之境，道肯定在周全、普遍、完全的周、遍、咸中真真实实地存在着。道虽存在于屎溺，亦在屎溺之中见其伟大。不过啊！后来竟衍生出"每下愈况"和"每况愈下"两个令人分不清楚的词语，其原因又究竟为何呢？

"每况愈下"，源出南宋洪迈的《容斋续笔·卷八·蓍龟卜筮》："人人自以为君平，家家自以为季主，每况愈下。"洪迈这段话其实是要批判那些占卜算卦的市井细民，人人都自以为是，家家都自以为贵，个个都自以为是著名的术数名家，反倒将占卜、算卦专业糟蹋得毁誉纷纭，而使情况越来越糟了。

这里的“每况愈下”作为现今通行的解释便是情况愈来愈坏的意思。换言之，到了洪迈这里，“每况愈下”便已完成了意义上的转换，其后，“每况愈下”的涵义便予以固定了下来，而与《庄子》原始出处再无干系。

《知北游》中的“每下愈况”即越是在低微的领域，越是能了解到真实情况。两相较之，“每下愈况”的“下”是越往下的意思，而“每况愈下”的“下”则是情况越不好的意思。“每下愈况”与“每况愈下”虽相似度极高，实为两个截然不同的成语，需明白慎用，以免贻笑大方。

比如说近代史上大名鼎鼎的人物鲁迅和章士钊，不仅水火不容，甚至还闹上了一段令人津津乐道的著名公案。

话说时任北洋政府教育总长的章士钊力倡复古读经，不仅排斥新文化，亦不屑于白话文的浅陋贫薄。章士钊的《孤桐杂记》说道“民国承清，每况愈下”。鲁迅逮着了难能机会，便依据章太炎的《新方言·释词》：“愈况，犹愈甚也。”找出章士钊文章中的语病，趁机讥讽身为教授的章士钊，竟错把“每下愈况”写成了“每况愈下”，将误用成语的恶名硬生生地栽到章士钊身上，大肆反击，令其洋相尽出。

不过话说回来，“每下愈况”的词语虽是最早出现于《知北游》，可时至今日，后出的“每况愈下”其意义反倒被约定俗成并被广为运用，因误用而沿用，使得原本正确的“每下愈况”一词，反倒是乏人问津了呢。

第三节

卑微低贱中的生命之道

精神主旨

贵以贱为本，高以下为基。
贱下处寻道，越知道之所在，
此非以贱为本邪？

贵以贱为本，高以下为基。是以侯王自称孤、寡、不谷。此非以贱为本邪？（《老子·第三十九章》）

贵以贱为根本，高以下为基础，因此侯王们自称为“孤”“寡”“不谷”，即孤德寡行之人，力邀天下人来扶持辅佐，如此治国平天下，这不就是以贱为根本吗？

作为万物来源及归宿的道，遍及一切可能。道在江湖日常，淡泊寡味，更为突显了道的高贵。道虽不避开卑微低贱，可卑微低贱却不等同于道。卑微低贱，是道贯穿于其中，经由修为与涵养，所能体现出道在人间处处碰撞升华的美感。故贱下是内敛蕴藏的修为功夫，卑微则是解消淬厉的涵养真性；道内化于卑微，内化于低贱，内化于无所不在的生命流行当中。

“每下愈况”一文中以为道应当为其高贵的东郭子，要求指证并在与庄子的层层对话之中，得出了无从捉摸、无所不在的道，竟是在蝼蚁、在稊稗、在瓦甓，更甚至是在屎溺。透过庄子而逼显出道在普遍中所朗现的真谛与价值，既是内在贯穿于万物之中，又超越直入于万物之上，充满变化却又能够真真实实地在当下之境体现安顿，正是能和低贱同在，而又可以与之卑微同行地遍及于究竟真实之中。

在太极之先而不为高，在六极之下而不为深，先天地生而不为久，长于上古而不为老。（《大宗师》）

然而道究竟在哪里呢？不在师长那儿，也不在神灵那里，道是源自于你自己，是自己本来就有的自本自根，是道的普遍意义以及存在特性。无法要求指明道的所在，因为道不离物且无物不存、无所不包。即使悬在天穹的最高顶，仍不能说有多高；即便埋在地壳的最深层，仍无法言有多深。因为无限，处处皆在，因此比天长地久更久长，仍不能言长道久；因为永恒，时时皆存，因此比天神地祇更长寿，仍不能道长言寿。

形而上的道在其存在层面上亦有其本源依据。比如说蝼蚁、稊稗、瓦甓，更甚至是在屎溺等，以其价值经验形态较低的存在形式呈现，从而将道内在于这些事物之中，强调了道无所不在，从而肯定了道存在的本源依据。以上所指，皆呼应了“每下愈况”的道境，即越是在低微的境域，越是能了解到真实情况。

天地与我并生，万物与我唯一，经由通天下之气中见其道和万物与之为一，从而消解了“道”高高在上的桎梏界限。既已解消了常人自以为是的“道”的限制义，体现天地万物无处不存、无往不及的自然状态，因此不能再以任何自称虚远高贵的缘由而离道独立、远道自存。明白了道不远人，因道自律、依道而行，便能活活泼泼活自己，己立立人己向上。在每下愈况的真善美中厚积薄发，于真真实实就低微处厚德载物，体验当下所有，所有涌现美好。

反思讨论

如何由每下愈况之道的普遍性，从而理解庄子理想人生的蓝图愿景？

道不用修，但莫污染。何为污染？但有生死心，造作趋向，皆是污染。若欲直会其道，平常心是道。何谓平常心？无造作，无是非，无取舍，无断常，无凡无圣。（《景德传灯录》）

世人往往把道看得太高深莫测，误认为道只存在于高处不胜寒的高贵之境。其实万物万象都是道的变化，无有高低贵贱之分 。道生万物，造化自然，一律平等，无差无别，无贵无贱，无是无非，平常自然，不假外求，普遍自现。于是人人皆能成就自身，发展自我，活出自己。

真传一句话，假传万卷书。庄子用最浅显的“每下愈况”来作比喻，即一花一世界，一叶一如来，随顺变化，道在屎溺，真实涌现。换言之，最终极的真理，离不开大道至简，大道卑微，大道普遍。于是，庄子理想人生的蓝图愿景，便是在每下愈况的最低微处，最是真切的情况处境，在致广大而尽精微中，每个人我都能够轻轻松松、简简单单地掌握住天地之根、众妙之门的精彩之道。

唱和呼应

分手应该体面
谁都不要说抱歉
何来亏欠
我敢给就敢心碎
镜头前面
是从前的我们
在喝彩
流着泪声嘶力竭
离开也很体面
才没辜负这些年
爱得热烈
认真付出的画面
别让执念
毁掉了昨天
我爱过你
利落干脆
再见
不负遇见

东郭子问庄子
所谓道　恶乎在
无所不在
在蝼蚁　在稊稗
何其愈下
在瓦甓　在屎溺
每下愈况
从低微　向下探求
所谓道恶乎在
在蝼蚁　在稊稗
瓦甓屎溺
真实样貌越呈现
每下愈况
喻低微处看道
每况愈下
情况越坏
每况愈下
是越糟

（改编自于文文作曲，唐恬作词，于文文演唱《体面》）

第十三章

虚与委蛇

第一节

无限生机的深不可测

故事引导一　自我兑现的预言

朱彝尊，号竹垞，博通经史，纂修《明史》，是清朝初年的大学者。清人王棫在笔记小说《秋灯丛话》里记载着朱彝尊一段关于梦的离奇故事。

话说朱竹垞喜啖鸭肉。某天夜半，朱氏梦见自己在明媚春光中出游，行经郊外时，见一大水池，池中有鸭数千只，一旁还有位看守池子的童子。这位童子面露微笑地对着朱氏说道："先生，您瞧瞧这一整池的鸭，都是专属于您一生的食料。"看了满池最爱的鸭，又听闻童子的说辞，这让好啖鸭肉的朱竹垞甚是欢欣。

多年过去，来到了朱氏的81岁。某日夜半，他又梦见自己过去所梦到的那个大水池。在好奇心的驱使之下，他缓缓朝向水池走去，近距离一望，赫然发现水池里仅剩下两只鸭子。惊醒之后，他愈发觉得此梦乃为不祥之兆。担心应验自己的预兆，他于是命令家人奴仆，从今往后一律禁止烹煮鸭肉。说巧不巧，其女因忧心老父亲的健康状况，又深知父亲爱吃鸭肉，便特地精心烹煮了两只鸭来尽其孝敬之心。朱竹垞一见到甫进家门的女儿带来了两只煮熟的鸭子，不禁脸色大沉，哀伤忧叹道："唉！人算竟不如天算哪！果如梦境所示，我的食禄想必也该要至此终结了啊！"岂料此话竟一语成谶，朱竹垞于当晚逝世了。

姑且不论故事真假与否，一旦人的潜意识里存留着信者恒信的画面，积聚着信以为真的囿见，于是心理防卫线的轨迹崩塌了，便难不被自以为是、眼见为凭的真相给全额兑现了。一代博学鸿儒尚且如此，更遑论你我一般的市井小民呢？由此观之，人的心理意念经常是令人捉摸不定、匪夷所思的，有时候信者恒信，因信而逆转颓势，生机得以展现；可有时却因信者为真的执拗，而造成了信而须亡之无法挽回的遗憾啊！

这便是现代心理学所谓的"自我兑现的预言"，即是由古至今似是泄漏天机的"预知梦境"。年迈的朱竹垞把梦境投射在心理上，心理上的阴霾便以迅雷不及掩耳之势影响生理安全防卫。身心平衡一旦被瓦解了，顺应自然之道就被消融了。深信命中注定的盲目结果，自认为是地聪明反被聪明误，便也只能一命呜呼了。

故事引导二　将就讲究的道境

众所皆知，苏东坡成为眼中钉、肉中刺的悲惨命运便是在于他因为反对错误的改革而得罪群小。宋神宗元丰二年（1079），苏轼于一篇谢表中表达对新法的多所不满，因而被新党有心构陷，故意挑章拣句，以"文字毁谤君相，作诗讽刺新法"之名，罗织成欺君罔上之罪。历经“乌台诗案”这九死一生的苦难，再回头看看这个早在20岁便中进士的得志青年，其后四海飘零、跌宕起伏的人生并没有因颠沛流离而被击垮，反而是在屡屡深渊中超脱挺立、乐观旷达，并将生命之姿的价值美好，舞得有模有样、余韵无穷。

元丰三年（1080），死里逃生的东坡，踉踉跄跄地领着一家老小，以一种流离失所的姿态，被贬至偏远荒破的黄州落脚。黄州是长江边上一个极其穷苦的小镇，生活起居无一不困难拮据。为了生存，东坡不得不亲自动手，建数间草屋改善居住环境。其他如开垦荒地、插秧灌溉、播粮种菜，筑水坝、建鱼池、打水井，顶着烈日辛勤耕作的沉重牛犁，亦如过往手中握着的文人笔墨，挥洒出常人难以企及的锦绣文章。最好的人生，便是能在将就的绝处中，逢生成讲究的理想道境。

再来谈谈因苏轼而得以成功逆袭的猪肉。宋代宫廷家法规定：“饮食不贵异味，御厨止用羊肉。”意思是饮食不追求崇尚奇珍异味，只管吃羊肉就行了。苏轼在京城为官时，无论是皇家赏赐，抑或是宾客宴请，吃的都是上等的羊肉。至于一般士庶百姓，也仅能在逢年过节之时或是宴请嘉宾的时候，才能稍微尝一尝肉鲜，打一打牙祭。

而猪肉则因为寄生虫和味道的缘故，并不受大众的青睐，只有劳苦阶层的人才会买来吃。深陷囹圄的苏轼，来到了黄州这不毛之地，衣食困顿，买不起羊肉的他，也只能改吃猪肉。正因为当时猪肉并不讨喜，老百姓也不太会烹食，于是苏轼煞费苦心，开发了新的料理方法：

净洗铛，少着水，柴头罨烟焰不起。待他自熟莫催他，火候足时他自美。黄州好猪肉，价贱如泥土。贵者不肯吃，贫者不解煮，早晨起来打两碗，饱得自家君莫管。（《猪肉颂》）

意思是说将锅子洗得干干净净的，放少许水，再燃上柴木、干草，小心地抑制火势，用不冒火苗的虚火来煨炖。不用催它，待它自己慢慢地熟透，只要火候足够，它自然会滋鲜味美。黄州有此绝佳的上好猪肉，价钱却是如泥土般的低贱。富贵人家弃嫌它不肯吃，贫穷人家想吃却不会烹煮。我每天一早起来便要打上两碗，吃得神清气爽，饱足惬意。如人饮水，冷暖自知，至于外界对我的褒贬评价，我早已置之于度外，又何须劳心费神地予以理会呢。

如今的东坡肉，早已是家喻户晓的盘飧佳肴，正是苏轼正视挫折后的达观哲学，才能将富贵人家弃嫌不屑的猪肉，换个方式加以烹调，始得变换出极为美味的东坡肉。

困境中探寻的生活意趣，随遇中安适的豁达乐观，诗人总能在自嘲自伤自解之中，承担命运的拨弄，享受命运的礼赞。顺应自然为道，平常之心亦是道。既能在京城里快意地大啖羊肉，亦能于黄州微笑地享受猪肉。贬谪之路路迢迢、苦漫漫的华丽转身，鼓舞着多少逆风挺进的人，世人逃无所逃的仓皇将就，都在东坡的旷达随顺中幻化为无限生机的深不可测，从而成全了处处讲究的道境美学。

第二节

壶子示相之道术生命

原文对焦

壶子曰：“乡吾示之以未始出吾宗[①]。吾与之虚而委蛇[②]，不知其谁何，因以为弟靡，因以为波流，故逃也。”（《应帝王》）

注释：①宗：大道之根宗。 ②虚而委蛇（wēi yí）：心境空虚寂静，随物变化。虚，无所执着，无所表示；委蛇，随顺自然应变之貌也。

壶子说：“方才我所显示给季咸看的是完全不离大道本源的状态。我以其心境空虚寂静，随物变化来依顺着他，使他不能知晓我究竟是谁，属于什么状态。让他一会儿以为我顺风而倒，一下子又认为我随波逐流，摸不着头绪，不知所措的他便立马逃走了。”

以上是《应帝王》中“虚以委蛇”原文对焦的语意对应，但要了解故事原型，则需从寓言的源头对话开始说起，以便更为清楚地掌握其文意要旨。

郑有神巫曰季咸，知人之死生、存亡、祸福、寿夭，期以岁月旬日若神。郑人见之，皆弃而走。列子见之而心醉，归，以告壶子，曰：“始吾以夫子之道为至矣，则又有至焉者矣。”壶子曰：“吾与汝既其文，未既其实，而固得道与？众雌而无雄，而又奚卵焉？而以道与世亢，必信，夫故使人得而相汝。尝试与来，以予示之。”

明日，又与之见壶子。出而谓列子曰：“嘻！子之先生死矣！弗活矣！不以旬数矣！吾见怪焉，见湿灰焉。”列子入，泣涕沾襟以告壶子。壶子曰：“乡吾示之以地文，萌乎不震不正，是殆见吾杜德机也。尝又与来。”明日，又与之见壶子。出而谓列子曰：“幸矣！子之先生遇我也。有瘳矣！全然有生矣！吾见其杜权矣！”列子入，以告壶子。壶子曰：“乡吾示之以天壤，名实不入，而机发于踵。是殆见吾善者机也。尝又与来。”

明日，又与之见壶子。出而谓列子曰：“子之先生不齐，吾无得而相焉。试齐，且复相之。”列子入，以告壶子。壶子曰：“乡吾示之以太冲莫胜，是殆见吾衡气机也。鲵桓之审为渊，止水之审为渊，流水之审为渊。渊有九名，此处三焉。尝又与来。”

明日，又与之见壶子。立未定，自失而走。壶子曰：“追之！”列子追之不及。反，以报壶子曰：“已灭矣，已失矣，吾弗及已。”

壶子曰:“乡吾示之以未始出吾宗。吾与之虚而委蛇,不知其谁何,因以为弟靡,因以为波流,故逃也。”

然后列子自以为未始学而归。三年不出,为其妻爨,食豕如食人,于事无与亲,雕琢复朴,块然独以其形立。纷而封哉,一以是终。（《应帝王》）

郑国有一位善于看相的神巫,名叫季咸。他能够占出人的死生、存亡、祸福、寿夭,所预言卜算出的年月日,精确如神,因此郑国人见着他都害怕地纷纷避走。列子见到他却是心生崇拜,并回去告诉他的老师壶子说:“原先我以为老师的道术是最为高深莫测的了,可现在竟出现了比老师更为了不起的人了呢。”壶子听后答复道:“我是教过你表面的功夫,可还没跟你言及深入真实的道,你就真的自以为明白一切功夫的要理了吗?你想呀!没有雄鸟的雌鸟,还能够产卵吗?倘若你仅是想要运用那些一知半解、虚有其表的台面功夫和外人打交道,以期获取他人的信任,如此一来,什么想法都藏匿不住地外露于脸上,便是让人有机可乘,来窥测到你的心思,运算出你的命运。要不,你不妨试着请他来这里替我看看相。”

隔天,列子带着季咸来见老师壶子。看罢,季咸语重心长地对列子说道:“我看着你的老师不仅气色不正常,呼吸也像是湿灰般的沉重。唉!你的老师不出十日,将永隔于人世,请你好自为之,节哀顺变吧!”列子听后,进入屋内,哭得稀里哗啦,眼泪沾湿了衣襟。壶子听罢列子伤心的陈述,便告诉列子说："刚刚我给他看的是地象，那是一种像大地一样恒止不动的阴静状态，想来他是看出我将赖以生存的活络生机给闭塞不通了。想当然尔，他当然会认为我肯定活不久了。嗯，再请他来看一看吧！"

第二天，列子又将季咸给请了过来。季咸见过壶子之后，对列子说道："太好了，还好你老师有幸遇见了我。我瞧见他那闭塞不通的活络生机开始活动运行了，恭喜恭喜！这下得救了。"列子进屋将季咸的话转告给老师听，壶子听后说道："方才我所给他看的是天壤，也就是天地相通之象，因为名实都不存乎于心，于是由脚至发，生机蓬勃，全然涌现，也难怪他会说我这下肯定得救了。快，明日再请他来看看。"

第三天，列子又带了季咸过来。看过了壶子之后，季咸出去对列子说："你的老师今日因精神恍惚而动静不定，使我无法好好地来替他看相，待他平静下来，我才能够好好地察看。"列子再度将其话语转述与壶子听。壶子说道："刚刚我所给他看的是太虚无迹之象。他应该是看见我状似神情平衡的生机，就好似每个人都有着像深渊一样的自我。鲸鱼盘旋之处形成了深渊，止水之处形成了深渊，流水之处形成了深渊。即杜德机，静止不动之水；善德机，流动之水；衡气机，既是静止，又是流动，且在原地打转的水。深渊形成有九，所谓的真人不露相，在九之中我也仅显示了三种状态呢。嗯，再去将他请来看我。"

到了第四天，季咸又来见壶子。都还未站定，季咸竟吓得夺门而出、逃之夭夭了。壶子连忙叫列子速速将他追回来。列子追了出去，发现季咸早已不见踪影了。列子回来告知老师壶子，季咸根本不知去向了。壶子这才说道："刚刚我所给他看的是全然不离本源的状态。我以其无所执着之心境空虚，来与之随物变化，使得看尽天下人之相的他，完全不能掌握我究竟是谁。一会儿以为我顺风而倒，一下子又认为我随波逐流，无相可相，又如影随形地黏在季咸身边。正因如此，才把他吓得落荒而逃啊！"

经过了这一事件，列子幡然醒悟到原来自己根本就没能够学会真正的功夫，便告辞返家，闭门三年不外出。期间，他帮助他的妻子烧柴煮饭，喂猪亦像是在伺候一个人一样。对于人间事物毫无所感，抛掷掉从前金玉其外的雕琢文饰，回归于自然素朴，超然独立于尘世，于纷扰纠结的人间世中，守住了难能可贵的天真本性，体悟无的实践，一生皆然。

相由心生，只要心中有所求所贪，再怎么刻意伪装，还是能从外在呈现的相中窥出一二，藏都藏不住的。大名鼎鼎的命理界大师季咸，总能在固定经验知识的积累印证中，有效把握住世人之"相"，得以预知吉凶祸福。比如说寓言中的壶子，刚开始示之以死，杜德机，生机的关闭；再示之以生，善者机，生机的彰显；接着又示之以不生不死，衡气机。对于经年累月、行之有年，执着于万物固定面相的季咸而言，凭借世俗的专业知识予以铁口直断，根本小菜一碟。可到了最后，体道的壶子示之以"未始出吾宗"，在似真似幻、毫无气迹之真人不露相的变幻莫测中，仅靠着一招半式闯荡江湖的术士季咸，根本参不透、看不懂，来不及立定，便给惊吓得落荒而逃了。于是，道与术的人生擂台，便由此而得以见其真章。

法国作家纪德在《地粮》中写道："别希求在固定的地方找到神。"道体的生成作用有着无限的可能，人亦处在变动不居的活泼纷呈之中。仅由外在事物作为认知判断，即便季咸声名远播，惜知偏而不知全，知僵而不知化，知隔而不知通的结果，又如何能够得以掌握变幻无常的大千之境呢。

道的无穹高、无底深、无垠广、无尽远，让生命丰富而充满着所有可能变化及不可测的能动性。这个世界没有什么是能够预测的，唯一能够预测的便是不测，如壶子跟季咸虚与委蛇，让季咸感到难以捉摸后，便吓得落荒而逃。其中"吾与之虚而委蛇"的意思是心境空虚寂静，无所执着而随物变化。成语"虚与委蛇"便源出于此。

不过，时至今日，《应帝王》中"心境空虚寂静，随物变化"的"虚而委蛇"，已被用来"形容一个人对别人虚情假意、敷衍应酬，根本缺乏真心诚意对待"，而和"虚而委蛇"的初衷原貌，全然不同了呢。

第三节

存在处境的当下挥洒

精神主旨

游心于淡，合气于漠，

顺物自然而无容私焉，而天下治矣。

性情要淡，心无罣碍；精神要清，逍遥无为。非淡泊无以明志，非宁静无以致远。处于红尘俗世，顺从客观规律，乘物游心，神游物外。不专断作为，勿擅用巧术，如此一来，于修养中游心调心，于无我中顺物应物，则天下自然便能治理好了。

君子豹变，小人革面；征凶，居贞吉。

这是《周易》革卦第六爻的爻辞。意思是说道德高尚的人，变化如豹，道德低下的人，善变面孔；征伐有其凶险，安定则持吉利。从卦象来看，上六是处于革卦的最顶端，阴爻居柔位，得正。又与九五亲比，表示君子能顺从改革大势，拥护改革主张。

君主唯有顺任自然，居守其正，不流入人云亦云的邪道歪门之境，随着变革的深入强化，阻碍难关亦会与之增加，唯坚持到底，守住本我，方能在平常心是道中保全吉祥平安。

事物的因缘虽有变化，然其完成改变经常取决于自身状态。让重要性在你自己的游心于淡、合气于漠之中，而非在所看到花花世界的表象上。不随外界起舞，内心不生波澜，不动如山的修养功夫更是体现物我平衡的关键角色。无心而为，用心若镜，不必然而然的天人相合、彼我不伤，见证了平常心是道，终不至于在惶惶不安的纷扰尘世中，随物游离牵动而放失了自己。

有人问余光中："李敖天天找你麻烦，你却从不回应，日常照旧，这是为什么呢？"余光中沉吟片刻，微笑答道："天天骂我，说明他的日常生活不能没有我；而我的不理不睬，证明我的生活日常能够没有他。"

心态不稳，修道不高，容易表情急切，让人看穿，遭人利用。唯在纷纭万绪的事态中，以其立身天地的道境作为依归，才能在为道日损、损之又损，以至于无为，以至于虚与委蛇中回返内心的素朴初衷。

由壶子之真道与季咸的假相观之，从开始的示之以"地文"生机全无"静止"的"杜德机"相，接着示之以"天壤"生机涌现"流动"的"善德机"相，再示之以"太冲莫胜"难判征兆"静动不定"的"衡气机"相。到了最后，示之以"未始出吾宗"深藏不露"坐忘心斋"的"虚而委蛇"相，展现了壶子以道体运作生发的无限变化及种种的可能性。

所谓的真人不露相，露相非真人。挫折历练经验少，鸡毛蒜皮皆烦恼，才会求神问卜，才需消灾解厄。反之，精神饱满，心灵丰硕，道境昂扬，随顺自然，便能像不显山露水的壶子一样，不轻易被其看破手脚，也不会有着季咸落得自失而走、仓皇而逃的下场了。

反思讨论

乌鸦若想出类拔萃，不是让自己变白，而是要让自己变得更黑、更黑纯、更亮黑。

知人者智，自知者明；胜人者有力，自胜者强。

（《老子·第三十三章》）

能够了解别人，这叫作智慧；能认知自己，才算得上聪明。能够战胜别人的人，是有其力量的；可以战胜自己的人，才算得上是真强大。然而在这诡谲多变的大千世界中，谁又能够轻易将自我交付他者，让那貌似无所不能的他者，来对其自我趋吉避凶，护我安适无虞呢。

日本有句谚语说道：“一只乌鸦若想出类拔萃，不是让自己变白，而是要让自己变得更黑、更黑纯、更亮黑。”

抛掷雕砌，还以本色。以简单随顺的自然方式，存在处境的当下挥洒，来开启自我生命的涌动，见证自我自然的随顺能量。

超然物外的深度价值，因本色而得以出类拔萃。

喜怒哀乐若是高高扬在脸上，还用得着担心他者算不出来吗？更何况是号称神巫的季咸呢？道行高深的人，随顺自然，变化无方。当壶子不疾不徐地说道："方才我所显示给季咸看的是完全不离大道本源的状态。我以其心境空虚寂静，随物变化来依顺着他，使他不能知晓我究竟是谁，属于什么状态。让他一会儿以为我顺风而倒，一下子又认为我随波逐流，摸不着头绪而不知所措的他，便踉踉跄跄地立马逃逸得无踪了。"到了最后，也难怪列子会因此而幡然醒悟，原来自己根本就没能学会真正的功夫，从此抛掷以往金玉其外的雕琢文饰，回归于自然素朴，超然独立于尘世，于纷扰纠结的人间世中，守住了难能可贵的天真本性，体悟无的实践，一生皆然。

平常心是道，便是还以颜色的自然本色。当示相与识相的天机，被收摄在隐而不彰的神秘面纱中，与其卜以决疑，不疑何卜，还不如来个未雨绸缪，增进修道的完善自我。让存在处境的每一当下，即便屡屡彰显示相的各种限定，也抵挡不住年岁分秒，挥洒生命无限可能的价值与美好。

唱和呼应

太阳下山明早　依旧爬上来
花儿谢了　明天还是　一样的开
美丽小鸟飞去　无影踪

我的青春　小鸟一样　不回来
我的青春　小鸟一样　不回来

别的那呀呦　别的那呀呦
我的青春　小鸟一样　不回来

壶子应对季咸　四见而四变
地文杜德机　天壤善者机　虚而委蛇
太冲莫胜衡气机　未始出吾宗

虚而委蛇　心境虚静　随物变化
虚而委蛇　心境虚静　随物变化

虚与委蛇　当今的用法
虚情假意　缺乏诚心　敷衍应酬

（改编自儿歌《青春舞曲》）

第十四章

相濡以沫

第一节

离别是相聚，咫尺是天涯

故事引导一　静观万物的自得从容

闲来无事不从容，睡觉东窗日已红。
万物静观皆自得，四时佳兴与人同。
道通天地有形外，思入风云变态中。
富贵不淫贫贱乐，男儿到此是豪雄。

（程颢《秋日偶成》）

淡泊悠闲，与世无争的慵懒心境，便没有什么事情是不能够从容自在的。一觉醒来，总见东边的窗子透着红光，早被高挂的日头照得一片通亮了。在恬静中观看万物样貌，便能够体验自然的妙趣。春夏秋冬的四季递嬗，人们在变化中饶富兴味地心领神会，而有其异曲同工之妙。

真正的妙道玄境，既内在又超越地存乎天地之间。五花八门的思绪，随着风云变化的动态，而贯穿于瞬息万变的无有之中。富贵之时能够克己复礼，而不骄奢淫逸；穷贱之时能够安贫乐道，而不怨天尤人。如此一来的“富贵不能淫”，“贫而乐道”，便称得上是英雄豪杰了，又何必苦苦以其庸俗世态所认定的成王败寇，来作为个人得失损益的论断标准呢。

这是北宋理学家程颢所作的《秋日偶成》。程颢天资过人，修养有道，温和纯净，学生称与师程颢近处，时有如沐春风之感。《秋日偶成》，顾名思义，这首诗当是于秋天的偶然兴作中完成的。生年不满百，何苦千岁忧，细读品味，便能觉出程颢心境悠闲的悟道态度。

一沙一世界，一花一天堂；双手握无限，刹那是永恒。万物静观皆自得，以平静宽容的心态来欣赏万物，将会发现万物无一不具特色，各有其无所不在的道化妙境，各自彰显其存在的价值意义。如此一来，心随境转，便会在生活中发现美好，进而体现美好，到了最后，亦将是各自美好。

闲来无事不从容，看似闲情逸致，实是忘的功夫。人生不易活着易，活出质量太不易。生活中不仅仅是柴米油盐酱醋茶的糊口大事，家庭、工作、理想、亲情、友情、爱情等现实问题的不断叩门缠绕，迎面扑来的茫、盲、忙，茫的不知所措，盲的失去自我，忙的心力交瘁，茫、盲、忙的不信红尘之中还能拥有归乡之人。因此，欲归零放下，想重拾快乐，必须在忘的哲学中微笑。忘掉所处的现实罣碍，蓦然回首，才能于秋日偶成的闲静中，撞见生命的安然恬适。

故事引导二 与你无关的所有有关

我爱你，但与你无关。
就好比我是修罗王，却没能拯救世界。
三山摧裂、四海枯竭，
我惟有站在恒河的日暮前，
祈求你的重生。

我爱你，但与你无关。
即使我站在恒河的日暮前，祈求着你的重生，
哪怕我将因此被剥夺我，权力的宝剑。
我违背着神的旨意，为的是要你游弋的灵魂，
回归着无辜的肉体，
哪怕注定我只能将你深埋心底。
仿佛不曾拥有，仿佛完全失去，
但一切早已与你无关。
我看着滑落的流星雨，总以为那是曼陀罗哭泣的眼睛。

我爱你，但与你无关。
生死相契总是意味着，被诅咒的相遇和分离，
没必要允许你，在三千弱水的盈盈中，
看我作天堂与地狱的舍取。
我无法改变我前世的懦弱，

恐怕今生也没有勇气，
即使我深深地爱着你，
从苦难到欢愉，
从异次元到寒武纪。

即使我爱你，沉默得像个影子，
那也与你无关。
我只是在复写我多情的忧思，
我只是在感伤我如初的真挚。

我爱你，与你无关。
即使是夜晚无尽的思念，也只属于我自己，
不会带到天明，也许它只能存在于黑暗。

我爱你，与你无关。
就算我此刻站在你的身边，依然背着我的双眼，
不想让你看见，就让它只隐藏在风后面。

我爱你，与你无关。
那为什么我记不起你的笑脸，
却无限地看见，你的心烦，
就在我来到的时候绽放。

我爱你，与你无关。
思念熬不到天明，所以我选择睡去，
在梦中再一次地见到你。

我爱你，与你无关。
渴望藏不住眼光，于是我躲开，
不要你看见我心慌。

我爱你，与你无关。
真的啊，它只属于我的心，
只要你能幸福，
我的悲伤，
你不需要管。

“我爱你，但与你无关。”这是德国文豪歌德对于爱情的解读。未曾哭过长夜的人，不足以悟语人生，人生于世，哪一样情感不是历经千疮百孔，却又不一定能得以圆满落幕。不过，一旦你爱上了一个人，你也就等于找到了属于你自己的神，为什么这么说呢？因为爱一个人，可以以爱之名，能够无怨无悔，愿意不求回报而全神贯注地付出，不正像是神爱世人那样自然纯粹吗？即便让人质疑的是，不觉得爱是一件如此困难的事吗？爱上一个人哪，那就是爱呀，是一件专属于我自己独有的事，何难之有？难就难在你期望对方也必须爱你，希望自己的付出有所回报。因为爱不爱你，回不回报，始终是别人的事，难在无法是自己。因此，如若我爱的人也爱着我，便是置身天堂之境，找到了属于自己的神，并拥有了神的祝福。

比起同在困境里的“相响以湿”，以其微薄力量相互取暖帮助的“相濡以沫”，“我爱你，但与你无关”的爱恋，便显得卑微，是低到尘埃里，是相忘于江湖，是尔后即使在与你无关的平行世界里，仍能在因无私付出的心底，而盛开出一朵璀璨温暖的道境之花。每一个不曾起舞的日子，都是对生命的一种大大的辜负。因此，唯有懂得爱的人，才明白不求回报的守候依恋；唯有愿意爱的人，才知道内在力量的坚毅强大。

“我爱你，但与你无关”即是“我爱你，即使你不爱我”。归根结底，能倾其所有地专注地去爱，却不计较对方是否能以同等付出来作为回报的人，心中肯定住着无比强大的能量。因此，在殷勤关怀的奉献中，体会互动存在的价值光芒；在不打扰的守护里，了解退后空间的有容成全。

我爱你，但与你无关，全是源于我爱你。于是，因为爱而必须忘了爱，就连“忘了爱”这三个字也必须得忘掉。而到了最后，终于，我不再爱你了；终于，相忘于江湖了。我爱你，终于，终于与你无关。

第二节

相忘于江湖，相忘于道境

原文对焦

死生，命也；其有夜旦之常，天也。人之有所不得与，皆物之情也 。彼特以天为父，而身犹爱之，而况其卓乎！人特以有君为愈乎己，而身犹死之，而况其真乎！

泉涸，鱼相与处于陆，相呴①以湿，相濡②以沫，不如相忘于江湖。与其誉尧而非桀也，不如两忘而化其道。（《大宗师》）

注释：①呴（xǔ）：慢慢呼气，吐口水、吐沫。 ②濡（rú）：沾湿；沾上。

什么时候生？哪个时间死？原本就是逃无所逃的命中注定，就如同白天黑夜日复一日的交替一般，是属于自然的规律现象。很多事情是人所无能为力亦无法干预企及的，这也正是万物本来的实际面貌。人们认为自然就是生命之父，便终其一生地敬爱它、景仰它，更何况是那卓然超绝的道境呢？人们认为君主的权势地位早已超越了自己，比自己高贵，而情愿舍弃性命来效忠他，更何况是那真实无比的道境呢？

江湖的泉水干涸了，几条鱼一起被困在陆地上，因为缺乏生存的空间，所以必须用湿气相互滋润对方，用唾沫相互沾湿对方，以求延续其脆弱的生命。可其实它们原本并不需要如此的，因为它们本是生存在浩瀚无际的汪洋之中。与其因困而必须以湿气相互滋润对方，用唾沫相互沾湿对方，也就是处在最不适宜、最为危殆境地，迫不得已地必须相互牵挂、相互怜悯，倒不如在这人间江湖中忘却对方，以求得各自安好。

与其称颂赞美尧的伟大崇高而来批判谴责桀的暴行虐政，还不如将人世间巧立名相的是非恩怨两两相忘，抛掷僵化窠臼的标准价值观念，而一同融入自然无为的道境妙况之中。

鱼儿鱼儿水中游，看见前面一线钩；钩上食味美，看得垂涎流；小鱼儿别上钩，贪图享受失自由。

鱼儿鱼儿水中游，游来游去乐悠悠；倦了卧水草，饿了觅小虫；乐悠悠乐悠悠，水晶世界任自由。

鱼儿鱼儿水中游，游来游去真快乐。不为物喜，不为己忧；纯任自然，天地逍遥。抛掉外在所有恋栈的执着诱惑，自由在我，倦饿由己，这种随顺自适的真朴，便是最为和谐的同在关系。

鱼之于水，舒适程度是绝对无法用其和其他鱼儿的“相呴以湿，相濡以沫”之境遇来作为比拟的。因为就鱼的秉性而言，泉涸必定意味着鱼的濒临死亡。看似温馨感人的两条鱼在干涸的土地上互相吐口水的“相呴以湿，相濡以沫”，但继续下去终不免是徒劳无功，而沦为残酷的现实磨难与摆脱不了的死亡命运。于是，忘掉了享乐的有，忘却了不得的无，有无苦乐，通通去掉，徜徉在赤裸裸的水晶世界里，又何患无法自由自在地任意悠悠呢。

在《大宗师》中，庄子其实是以“鱼”来喻“人”，说明了人在危殆之中虽然可以彰显仁义的精神而与之甘苦与共，能够高举着患难见真情的肺腑情挚，但相知相惜的这般高尚节操出现的先决要件，必定是因为先有了乱世，发生了灾难，在历经百转千回的垂死挣扎之后，为求自救自保，才得以释出善意并相互成全，以期相安无事。意思是说，当每个人能够自在自足地徜徉于自我的幸福天地里，又何须与他人来段刻骨铭心的相遇，又何必与他人来场生死与共的相契呢！换言之，当每条鱼能在彼此互不相识的自然状态下安安稳稳地生活，悠游自得地投身在鱼所处的江湖中，找到了安身立命的快意确幸，又何须与众鱼儿们没来由地上演着难分难舍及垂死前挣扎之相互依傍、频洒狗血的催泪大戏呢！

尤有进者，无论是水中之鱼还是人类之间，能付出的仁义情爱毕竟是有限的，以有限的仁义情爱来填补存在无限的生命处境，犹如杯水车薪、缓不济急般的令人啼笑皆非。更何况当这个世界已是亟需运用仁义情爱来彰显人性价值时，说明了存在处境早已是布满了世道艰险、人心唯危的荆棘呀！

鱼相造乎水，人相造乎道。相造乎水者，穿池而养给；相造乎道者，无事而生定。故曰：鱼相忘乎江湖，人相忘乎道术。

（《大宗师》）

鱼仰赖着水，所以在池水中畅游；人倚仗着道，所以在道境中自得。适宜池水中的，在池中悠游就能安适自足了；自得于道境的，在无纷扰中便能安定自适了。所以才说鱼悠游于江湖之中，便能忘记一切而得以自在快乐；人悠游于道境之中，亦能忘记一切而得以快乐自在。

靠水的鱼，掘塘养殖就活得自得适宜了。倚道的人，平安无为就活得心满意足了。无论是活得自得适宜抑或是活得心满意足，只要彼此之间的接触不多，甚至是陌生到不知近况的各自为安为好，便是合乎“鱼相忘于江湖，人相忘于道术”。庄子认为人的死生存亡，犹如气的聚散，是那样的自然纯粹。而面对人间错综复杂的千姿百态，若是有了自我构筑的限制，林林总总主观的评价标准，誉尧非桀的彼此对立，批判争斗、纠缠不休，便是掉入了“相呴以湿，相濡以沫”的困局里。是故，与其在人世间沸沸扬扬，执拗于是非对错、悲喜祸福、善恶黑白、忠孝礼义等道德枷锁，如同看似相互拥抱成全，实是与身处干涸窘境，等待死亡的鱼是一样的。倒不如选择提升自己的生命高度，完善自我的生活场域，不如各自精彩，不如相忘于江湖。

江湖便是道，相忘于江湖，必是天下太平。“道不可须臾离也”，意思是说道没有离开人，是人自己离开了道。“可离者非道也”，道没有刹那离开我们，所以孜孜念念的道，因为修道才得来的道，那就不是真道了。而所谓的“相忘”二字，并非互不认识，而是不相照应。日月共消长，死生难久长，昨是今非皆相忘，心开人间皆风光。超越自我、超越限制，忘却彼此存在，忘却水的存在，忘却道的存在。忘记了对方，忘记了自己，回归到自然璞真、自由自在的境界。唯有在此中有真意之中才能和妙道与之契合，只有在欲辨已忘言之中才是真与妙道为之同化。

《大宗师》：“泉涸，鱼相与处于陆，相呴以湿，相濡以沫，不如相忘于江湖。”庄子要表达的是与其“相濡以沫”，倒不如在江湖水中各自游走，相互忘去的“相忘江湖”。因为当鱼儿们需要用唾沫相互润湿以维系生命时，便是情况危急，大事不妙，这是庄子运用鱼的处境变化来说明“相濡以沫”这个道理。也就是在困境中的鱼为了生存，互相用口中的唾沫沾湿对方的身体。

不过，时至今日，“相濡以沫”一词，已被用来指夫妻感情或是用于朋友，比喻同在困难的处境里，用微薄的力量来互相帮助，因而显得浓情蜜意、情真意切了呢。

第三节

以无为之道，还无为之身

精神主旨

大道废，有仁义；智慧出，有大伪。

六亲不和，有孝慈；国家昏乱，有忠臣。

（《老子·第十八章》）

自然之治的大道被废弃了，才有提倡仁义、提供治道的需要。以其仁义之名，建立了一套相互期勉、互相谋利的价值观。大道本是亘古长存、恒久不变的，却因人为的有心造作，反而变相衍生出假仁假义与不仁不义。为求争奇斗妍从而虚伪不实，使得聪明智巧的乱象出现了，使得伪诈权变更加盛行了。仁义彰显却使得大道尽失，智巧展现却使得真实遮蔽，使得人在有为、有心、有执之中而悖离了大道，使得父子、兄弟、夫妇，家庭中的六亲出现了纠纷之后，才能显示出孝慈，使得国家陷于混乱之际，方能识见出忠臣。

生于忧患，死于安乐。其意义是要我们去反思问题的源头，在有仁义彰显及智慧出现之时，便来警醒我们，大道可能被扬弃的失落，伪诈可能更猖獗的虚假。在有孝慈彰显及忠臣频现之时，便来警惕我们，六亲可能因破裂而不和，国家可能遭昏乱而危殆。

国富民安之时，人情反显自扫门前雪般的事不关己；祸殃降临之日，人情反显共体时艰般的自发真诚，就像“泉涸，鱼相与处于陆，相呴以湿，相濡以沫”一样。泉水干涸了，几条鱼困在陆地上，因为缺乏生存自救的活命空间，所以必须用湿气相互滋润对方，用唾沫相互沾湿对方，以求延续其脆弱的生命假象。而当人与人之间必须用彰显仁义的精神来相互救助的时候，可想而知呀，这样的世界该有多崩坏，这样的世道该有多糟糕啊！

荷兰哲学家史宾诺莎言道：“自由是对于必然性的一种体认。”先体认到生命将因成长而必然性地受到各种有形无形的桎梏束缚着，在层层囹圄的包裹中，在一一罗网的围困下，理解、克服、接受以及改变后去伪存真的无为体认，才能是自由的范畴。仁义、智慧、孝慈、忠臣，原本就是最真实虚静、最自然素朴的情性。与其刻意标榜“有为”的旗帜，高举着生命之姿的美好，张扬着父君之威的崇高，慰藉着生存之境的可贵，倒不如反求诸己之本能，以其无为之道，还至无为之身，还以无为的真实本色风貌。

人与人之间的互动往来，没有名分依傍的念想欲求，不带利害关系的自然纯粹。“相呴以湿，相濡以沫，不如相忘于江湖。

与其誉尧而非桀也，不如两忘而化其道。”一如无垠广阔的汪洋里，各自悠游，彼此相忘，谁也别是谁的桎梏，谁都不是谁的负累。与其称赞尧而责难桀，还不如打破被各种有为造作出来的框架，打破被蓄意营造出来的存在价值；不如以无为之道化解存在对立，不如两忘而化其道，解消世俗假象，相忘彼此于江湖。

反思讨论

“面对它、接受它、处理它、放下它”，算得上是在“相呴以湿，相濡以沫”中，“相忘于江湖”的功夫态度吗?

福无双至，祸不单行。人生不如意事十之八九，生活中经常成全且不求回报的经历便是“难关”了。所谓的关关难过关关过，只要是个动态的、活泼的、变化的、与时俱进的丰富多样的人，便会在百转千回的奋进中，瓦解一成不变的日常。励志电影的主角，扮演的便是现实中的自己，无论乐观悲观、有关无关，都得加足能量勇敢闯关。轻松过关，便是热情昂扬待进一关；难关卡关，就得重振旗鼓再续一关。

即便是在“相呴以湿”徒劳中的同舟共济，又或是“相濡以沫”无功中的患难与共，面对诸多经验淬炼的自我调适，踽踽凉凉难语的辛酸心关，总是拿下最孤独难越的心情风景。对于处理棘手的逆境风暴，圣严法师便曾说道：“面对它、接受它、处理它、放下它。”

所谓的面对它，即是不推诿卸责地去正视它，不怨天尤人地改善它，才算得上是知己知彼、迎难而上的处事态度。面对难关的下一步便是要接受它，接受日常的遭遇、接受生活的意外、接受生命的安排，接受所遭受方方面面的不完美。有了面对接受的恒定心念后，再来便要运用智慧，从容有度地处理它。人事时地物的碰撞考验，皆有其因缘合和的遇投契机。轻重缓急、过犹不及的态度，攸关成败输赢。尽其人事，亦需听其天命。放下它，正是人间道上修行最上乘的智慧妙境。慈悲没有敌人，智慧不起烦恼。所谓的“真空生妙有”，意思是说凡事若是空不了的，你也是有不了的。因此，放下，才是真正存在的开端。

放下它，不管旧爱新欢；放下它，无论成败对错；放下它，莫管贵贱穷达；放下它，即使悲欢离合。该吃饭时吃饭，该睡觉时睡觉，该放下相忘的，就相忘于彼此，放下自己，放下他者，相忘于江湖。最后，连“放下它”这三个字也不记得了，就连“相忘于江湖”也都给忘了。

有水，鱼才会舒适；有道，人才会旷达。鱼因为在水中悠游自在而忘却了自己在水里一事，人则因为在自然适意逍遥而忘却了自己处在道境之中。可如今人心装满了各种天马行空的欲求念想、驰骋竞逐的功名利禄，便忘了处在自然美好的道境之中，任由贪嗔痴造作念想的撕裂拉扯而无片刻的自在安宁。所以要打通人为障蔽，超越障蔽，让道自自然然地像呼吸般融入生命一样的重要，却又让其相忘而化其道，使其相忘于江湖。

忘了自己想得的，忘了自己不得的，忘掉一切是非，忘怀一切得失，面对它、接受它、处理它、放下它，高尚情操的相忘，赤子情怀的相忘。江湖、江湖，人之于江湖，不计较于江湖，不干扰于江湖，在超越生死是非的大道上，一别两宽，各生欢喜，各自安好。正是时候相忘于江湖。

唱和呼应

鱼儿　鱼儿水中游	泉涸　鱼相与处于陆
游来游去　乐悠悠	相呴以湿　相濡以沫
倦了卧水草	不如相忘江湖
饿了觅小虫	誉尧而非桀
乐悠悠　乐悠悠	不如两忘　化其道
水晶世界　任自由	不如两忘　化其道

（改编自儿歌《鱼儿水中游》）

第十五章

人故无情

第一节

无情总被多情恼

故事引导一　桀骜自是有情痴

阮籍当葬母，蒸一肥豚，饮酒二斗，然后临诀，直言“穷矣”！都得一号，因吐血，废顿良久。　（《世说新语·任诞第二十三》）

阮籍（210—263），字嗣宗，陈留（在今河南省开封市）尉氏人，曾任步兵校尉，世称“阮步兵”。其父阮瑀，为曹操文吏，是著名的建安七了之　。而阮籍则是魏晋时期的竹林七贤之一，中国历代士人尊崇的魏晋风度的代表人物。傲然独得，任性不羁，志气宏放，多才多艺，嗜酒能啸，雅好音乐。博览群籍，尤好老庄，有《阮步兵集》传世。

阮籍 3 岁丧父，由母亲抚养长大。父死家贫，侍母至孝，倚靠勤学得以成才。

某日，阮籍正与友人下棋，突传母亲去世噩耗。友人听闻，脸色大沉，急忙唤阮籍速速返家奔丧。怎料阮籍竟从容淡定、神色自若地观看棋盘，俨然事不关己的模样，并坚持继续下棋，非得分出输赢胜负，方能结束棋局。

在为母守孝服丧期间，阮籍放纵啖肉，无度饮酒，在当时可是悖俗违礼的不孝行为。由于他向来排斥虚伪的礼法，蔑视传统的规范，对于前来吊唁的亲友，也从不以该有的礼数回应。其放浪形骸，超出世人想象。其后母亲下葬当日，阮籍吃了一只蒸熟的小猪，畅饮了两斗酒。直到与母亲作最后的诀别，他才开始号啕大哭，哭到肝肠寸断，哭到吐血昏厥，身心受到重大的损伤，差点赔上了性命。

魏晋时期是中国历史上著名的乱世，战火连绵，政局动荡，天灾盛行。阮籍空有一身才华与无法得以施展的济世之志，故只能整日作文赋诗，饮酒抚琴，对生命无感，对生活麻木，借此度过离灾避祸的惨淡人生。

母亲去世，对于孝子阮籍而言，其实是难以名状的悲痛欲绝。他却强作无情，拒绝传统礼法的守斋孝道，天天照旧吃喝。表面上看似离经叛道、惊世骇俗的种种无情，却无法掩盖他内心深沉的痛楚，越是装模作样，越是撕心裂肺。因为母亲一死，生命的意义已然消逝，孝无可孝，忠无可忠。到了母亲出殡之日，昊天罔极的深恩，无边悲痛的肆虐，吐血数升的真情，终于捅破了无情背后深情哀恸的事实真相。

时代的悲凉，不能言说的苦楚，“终身履薄冰，谁知我心焦”，道尽了阮籍在面对惊骇恐怖的世道艰险时，不得不然的佯狂无情，以求自保自全；在动辄得咎的分崩乱世，不得不然的深埋有情，以求抽身隐遁。

桀骜自是有情痴，看似无情最深情。

故事引导二 自恐多情损梵行

长亭外，古道边，芳草碧连天。晚风拂柳笛声残，夕阳山外山。

天之涯，地之角，知交半零落。一壶浊酒尽余欢，今宵别梦寒。

（李叔同《送别》）

长亭郊外的古道旁边，芳草萋萋，郁郁葱葱，一路绵延到无际的天边。到了临别时刻，晚风轻拂着细柳，笛声跟着鸣放出断续稀落的哀愁。遥望远方的落日余晖，斜阳依依，也在阻隔相连的青山迭映中逐渐隐没。久不相见的知己与故友，如今早已是各奔天涯，无从寻觅。即将各奔东西的我们，都请喝下这壶离别的酒吧，浑浊的陈酒也许不尽清澈，却是能够道尽彼此曾经相知相惜、相濡以沫的欢乐。离别之后的梦里，断肠愁思的夜里，又岂能不感到丝丝的寂寥与无限的寒意呢。

这首由李叔同填词的《送别》，早已成为中国人骊歌传唱的不二经典。表面看似送别友人，实则是送别了自己，了却了过往的人生，了断了一段尘缘。

李叔同（1880—1942），祖籍浙江平湖，生于天津。风度翩翩、才华洋溢，在诗词、绘画、音乐方面皆有卓越的成就，亦于数所名校任教。39 岁时，在西湖虎跑的定慧寺中，梵音响起，落发为僧，一念放下，万般从容。从此世间再无李叔同，唯有弘一皈依佛。

突如其来的出家转变，让远在上海闻讯后的日籍妻子几近崩溃。她匆匆赶到杭州。可已是出家人的弘一却避不见面，任凭妻子在寺庙门外哭喊，仍旧不为所动。以李叔同传奇一生为原型的电影《一轮明月》中，便安排了弘一法师与其日籍妻子最后一次晤面的对话。

拂晓，薄雾笼罩的西湖，毫无生气的两舟缓缓相向而行。舟上的妻子轻声地叫唤一声："叔同。"弘一大师淡默应声："请您唤我为弘一法师。"妻子怵然惊惧地问道："好的，弘一法师。""那么，这位弘一法师，可否请您告诉我，什么是爱呢？"弘一大师平静地答道："爱，就是慈悲。"

听完弘一大师不带情感的冷漠回复，妻子深感撕心裂肺的痛楚，终于忍不住地放声痛哭并继续追问："诚如您所言：爱，就是慈悲。""既是慈悲对世人，却又为何独独伤我？"

这一次换作弘一大师沉默不语了。他别过头去，转身离开，自此告别过往，挥别爱妻，徒留失落的爱妻在迷雾里的湖上幽咽不止。

妻子的质问，也是众人心中的疑惑。虽说是为了普渡众生而发的慈悲心，可对于曾有铭心爱恋的至亲而言，如此地伤害家人而一去不返地出家，该是让人情何以堪呢？

坊间流传李叔同在出家前，曾经写信给妻子，告知出家原由。信中说道："多次与你提及，想必你已了解我出家是早晚的事了。对你而言，勉强接受失去关系至深之人，这样的绝望心情我能理解。但你是不平凡的，请吞下这苦酒，然后勇敢地撑下去吧，因为你体内住着的不是一个庸俗、怯懦的灵魂。如此决定，非我寡情薄义，而是为了那更永远、更艰难的佛道历程。因此我必须放下一切。放下了你，也放下了尘世所有的一切。人生短暂数十载，大限终究会来，如今不过是将它提前罢了。我们迟早都要分别，愿你能早日看破，一切珍重。”

对佛道而言，所有的烦恼苦痛，归根结底就是放不下。断爱，便是断除烦恼的第一步。我念过去万千劫，于佛灯前抛一切。李叔同不仅放下了世俗名利，也放下了亲情爱情。当他彻底放下时，也期待妻子能如他一样彻底地放下，因为他认为妻子“体内住着的不是一个庸俗、怯懦的灵魂”，因而试图对着妻子做出慈悲的开示。

但要说一个人珍视着亲情、爱情而无法堪破，便是象征体内住着一个庸俗、怯懦的灵魂。这样的说法实在难以称得上慈悲，亦非是真能悟道之人。佛家讲空，是要空掉那个对自性的执着而已。可自性哪能空得掉，它本来就是空的呀，哪需你去空掉它？想要空掉的慈悲，实是未深解佛法。

世间安得双全法，不负如来不负卿。只有深刻经历过有情红尘的人，也才能如此坚决无情地放弃红尘。

第二节

道是无情却有情

原文对焦

惠子谓庄子曰：“人故无情乎？”庄子曰：“然。”惠子曰：“人而无情，何以谓之人？”庄子曰：“道与之貌，天与之形，恶得不谓之人？”惠子曰：“既谓之人，恶得无情？”庄子曰：“是非吾所谓无情也。吾所谓无情者，言人之不以好恶内伤其身，常因自然而不益[1]生也。”惠子曰：“不益生，何以有其身？”庄子曰：“道与之貌，天与之形，无以好恶内伤其身。今子外乎子之神，劳乎子之精，倚树而吟，据[2]槁梧[3]而瞑。天选[4]子之形，子以坚白[5]鸣。” （《德充符》）

注释：①益：增添。 ②据：靠，凭依。 ③槁梧：指用梧桐木做成的几案。 ④天选：自然的授予。 ⑤坚白：古代一种著名言论。它以石为喻，指石之白色与石之坚质都独立于“石”。庄子对这一类言论极不赞赏，斥之为无稽之谈。

惠子对庄子说："人本来就是没有情感的吗？"庄子回答："的确是这样的呀。"惠子说："一个人倘若没有了情感，又怎么称得上是个人呢？"庄子说："道赋予了人容貌，上天赋予了人形体，既有容貌又有形体，怎么可能不算是个人呢？"惠子说："既然已经称作人，是人的话，又怎么能够不带情感呢？"庄子回答说："你所说的不带情感的无情，并不是我所谓的无情。我所谓的无情呀，是说人不应该只凭着自己主观的好恶之情，来伤害到本有的天真本性。应该顺任自然而然的本真状态，而不随意增添些什么，来作为刻意的养生。"惠子说："不刻意地来作为养生的种种功夫，又凭什么能够完善地保全自己的身体呢？"庄子回答说："道赋予了人容貌，上天赋予了人形体，可不能因为自己的好恶之情，而来伤害到自我的天真本性。因为自然而然的道境，理当是无所增加附会，既不刻意人为造作，便无所损伤耗神。可如今你却放纵了你的心神，耗费了你的精力，不仅倚靠着树干，滔滔不绝地高谈阔论，还凭依着几案闭日假寐。上天赋予了你宝贵的形体，可如今你却频频以'坚白石'与'白马非马'的诡辩之学，自鸣得意地到处张狂讲演呢！"

道赋予了人容貌，上天赋予了人形体，这是每个人都无可避免的存在生命。至于人有了形体和情感，也是生而为人所无可避免的生命存在。惠子顺着人之为人的天性禀赋，对于理所当然的有形有情，予以正常的推论："人而无情，何以谓之人？"按惠子执于名实的认知，以为既而为人，则人的生命必然包含了形体与情感，故与所言的"人而无情，何以谓之人？"并无扞格之处。可问题来了，既然是作为庄子契友的惠子，又与庄子同是口若悬河、得理不饶人的辩论高手，在《庄子》一书中，两人早已是你一言我一语，你侬我侬、默契无间地唇舌交战多回，试想：向来就走着语不惊人死不休路线的庄子，又岂能在此章中错过再度黑化惠子，借以拉抬并彰显自身更胜一筹的思维理论呢？

究其实，庄子和惠子两人的知识基础与思维理路本就大相径庭。庄子所指的“情”与惠子所论的“情”，本身的立足点就不同。慧黠的庄子白了惠子一眼后，将答复意境的档次一下子拉抬得太过高深，抽象得让两人的观点几乎没有可较性，因而难以让惠子体悟其意。换言之，惠子所言的情是外显于人之形的情，是红尘俗世七情六欲的情，是喜怒哀乐百味杂陈的情，是生而为人不免被其情绪所左右操纵的情；而庄子所谓的情是求之于道境的情，是摆脱世俗纷扰的情，是不被情绪所支配操弄的情，是完善理想人格境界的情。

恶欲喜怒哀乐六者，累德也。　（《庚桑楚》）

憎恨、爱欲、欣喜、愤怒、悲哀、快乐这些情感的六害是属于人伪的内容，是拖累你所拥有的天赋德性，是附加于生命本真之上多余且不自然的部分，即是本文所谓的“益生”。庄子以为圣人的模样与世人皆同，圣人亦与世人共生共存。其相异之处即是在于圣人没有世人所谓的情的牵绊，因此造就了圣人的思想境界高于世人。然而生而为人，人又非圣贤，孰又能无情呢？庄子所谓的无情，并非独与天地精神往来地将情感全部连根拔除于外，勉人无动于衷的专断无情，使人成为绝情寡义的木石顽物。庄子所言的无情，是要人摆脱人为执拗的有所爱与有所不爱，抛掷掉偏颇的好恶之情所造成宁静心田的戕害，不让人为的造作来为情感妄加增益。要人超脱世间情感，无心于自然而然，提升至道情、天情的思维高度上来论情。如此一来，方能“成就无情的主人”，而非“成为有情的奴隶”。是故，道情、天情没了爱与不爱的人为桎梏，人故无情之有情，道是无情却有情，才能因此而得以普及递进，得以天长地久。

人生在世，即是一段风雨跋涉的艰难历程。庄子处在那样一个战争频仍、硝烟不断的时空背景，首当其冲的便是该如何面对铺天盖地的浩劫灾难。强虏的横肆、世事的逆阻，处处可见其情感崩塌的撕心裂肺以及痛苦不堪的生存幻灭。庄子为泯除怵目惊心的生命乱象，认为必须在心转境转的情感面相中作出相应之道，才能在斫丧人性的时代桎梏里，寻求自我枷锁的解脱突破，从而在道情的无情之中超拔自适，天情的无情之中任意逍遥。因为情是人人天生本具而不假外求的，可如若发之不当，不能善用自己的情感，无法统御自我的情绪，遂将变相堕入情绪勒索的往复中而痛苦滋甚。于是，如何与“情”相处有道，“有情”至“无情”生命升华的艺术，便成为了人生至关重要的当下课题。

而至于“天选子之形，子以坚白鸣”一语，深谙逻辑推理的庄子，对于名家惠子“坚白石”以及“白马非马”的诡辩理论，认为是让人陷入穷尽诡谲的无谓论证，从而落入了逐外而不返的胶着状态，造成了形体、心灵不断的忧思劳顿。终其目标，仅为关注坚白、同异、大小等的缴绕之学，却不断于生命进程中放失了本固有之的精、气、神。因此，早已是透彻地看穿惠子逻辑陷阱的庄子，才不禁要抨击道：就算是倚靠着树干滔滔不绝地高谈阔论，还凭依着几案闭目假寐，仍旧是身陷在汲汲营营的碌碌江湖中，而得不到半晌从容的心灵滋养与精神安息啊。

由上可知，庄子所谓的人故无情，即是道是无情却有情的功夫境界，是立足于人的存在价值问题，是顺应天道而化其道的思辨旨趣，是道家既内在又超越的生命向度。如此的人故无情却有情，而大异于以琦辞善辩为理趣的名家惠子呀！

第三节

无情不似多情苦

精神主旨

且夫得者，时也；失者，顺也。安时而处顺，哀乐不能入也，此古之所谓县解也，而不能自解者，物有结之。（《大宗师》）

有所得求，需倚赖时机偶然；有所失损，需顺应常态变化。无论身处顺境、逆境，不因有所得取而过度欣喜，不因有所失落而过度悲苦。换言之，保持得失无动于衷的豁达胸襟，不随莫测无常的世事，让情绪情感妄自骚动。不哀不乐、无得无失的泰然涵养，哀乐情感便不会乘虚而入地翻腾不休，这也就是古人所说的要化解掉执念，解消掉束缚。反之，对于那些无法自行排遣，无从自我解脱的人，便不免为外物钳制役使，终在缴绕不出的情感中挫败纠结。

庄子借由《德充符》中的“人故无情”一说，来强调生命不啻是顺时而生情、应物而去情的日常。喜怒哀乐，情绪情感，人皆有之，过分放肆感官情感的扭曲，耗竭精气、害其精神，毁形、丧形、忘形，种种源于形躯我的情绪欲望，因不当错置而遍体鳞伤。因此，处在当下的常人不应过度执着于官能情感的欲求。心无罣碍，心安理得，得失不动于心，得失了然于心，让生命回归到自然简朴的来路初心，一切遭遇将不会影响初心的平和宁静。如此一来，“安时处顺，哀乐不入”的最高修养境界，便符合了庄子所谓的顺应自然之“无情”律则。

有人之形，无人之情。有人之形，故群于人；无人之情，故是非不得于身。眇乎小哉，所以属于人也；謷乎大哉，独成其天。（《德充符》）

理想人格的圣人境界，即是虽有常人的形体，却无常人的情感。有了常人的形体，始能混迹人群而与之共处。一旦了却了常人受情绪左右的情感，亦因此而摆脱是非纷扰的拉扯，免受情绪的支配控制。说来也真是渺小啊，圣人竟如同常人般的形体容貌；说来可也真够伟大啊，也正因为如此而得以使他保全了最自然本真的道化之境啊！为什么说以渺小言之为常人，而以伟大直指为圣人呢？因为既能与众人合群共处，又不脱常人的形体容貌，便是老子所说的“和其光，同其尘”。可以为圣人，而圣人又能够形如凡人，心同圣人，其伟大之处更可与天为友，完善道情天情，成就理想人格的圣人境界。

《中庸》言：“发而中节谓之和。”情感的发抒，便是要求符合节度，从而化解不当情感的苦神劳精、奔驰好恶而内伤其身，徒沦情感的奴隶，失去理想的生命向度。《关雎》亦云："乐而不淫，哀而不伤。" 情感发而中节，快乐不泛滥，悲伤不过度，绝不让纷扰人心的情识活动反客为主，力主超越有情，通向无情之情。能够在现实变换中恬然无思，澹然无虑，俾使无情得以保其道情天情的圣人天光。

"是非吾所谓无情也。吾所谓无情者，言人之不以好恶内伤其身，常因自然而不益生也。"庄子所谓的无情并非不带感情的冷漠麻木，而是说不要因为个人盲目的好恶偏执，而不加节制地放纵情感，从而伤害了自然本真的珍贵宝藏。强调要能随顺自然的变化，不必外在强加的增益享受。天道赋予了人容貌，上天赋予了人形体，既具人形，就必须与世俗同生共处，同生共处，又不免升起是非好恶之各种驳杂的情绪念头。如何化解日常的情绪偏执，使得是非好恶不沮伤本真的自然性命。因此，无情不似多情苦，安之若素于有度的无情及有节的有情，才是最为根本的养生之道。安时处顺，必先无情，无情之情，方可知其不可奈何而安之若命。虚己无情，喜怒哀乐不入于胸次的无情之境，无去了人心之妄执之情，即是庄子的无情境界。

反思讨论

人的情感经常是阻碍常人认清事实的一大障蔽，可情感又是难以连根拔除的与生俱来。那么，人生在世，究竟该如何因应有情无情的情感困局呢?

人故无情却有情，多情总被无情恼；无情应晓多情苦，有情无情不相扰。

人故无情却有情。所谓的无情，并非莫管他人瓦上霜的自私自利，而是要人以理化情，将人情提升到天情、道情之境，不让主观人情的好恶造作来蠹伤其身。把持不放的情，粘缚不脱的情，多情总被无情恼，执着无常即苦恼。面对情感的起伏跌宕，无情既知多情之苦，于是力图拨乱反正，摆脱纠葛陷溺的险境，有情无情自可相忘不扰。

庄子所谓的无情，是立基于悲天悯人的恻隐情感，是蕴含在深层洞彻的挚意真情。正因为过于重情，在兵荒马乱、价值崩塌的时代里，体悟到人为情感所带来的悲惨痛楚。如若“与接为构，日以心斗”。因自我的偏执而导致诸多扭曲变形的深情厚意，频与外界事物接触纠缠，成天陷入勾心斗角，非争个排名高下、头破血流、你死我活，而不能得以罢休，无从松手解脱。为了葆全天情道情，免于身心的外荡不反，避免世俗的好恶虚妄，避免附加的刻意专断。庄子所谓的无情，便是要我们遵循自然节奏的物我两忘，超然是非现实的纷扰争斗，无掉了是非、好恶、名利、生死，将个体生命提升到天情道情的化境，使其无情之情，嵌入“独与天地精神相往来”的逍遥境界。

常因自然而不益生的无情，要求冲破常人的桎梏网罗，实践个体生命的修养功夫，顺任自然无为的真朴状态，打破虚构的存有，突破个体的局限，破除名实相符的迷思，破解名言知识的障蔽。如此一来，便能扫除阻碍常人认清事实的障蔽，瓦解有情无情的情感困局。

心上无事，身上无病，好个无情世间皆美景。无情庄子，道情在红尘，天情在红尘，但我已然不必拈红尘。

唱和呼应

有时候有时候
我会相信　一切有尽头
相聚离开　都有时候
没有什么会永垂不朽
可是我　有时候
宁愿选择留恋不放手
等到风景都看透
也许你
会陪我看细水长流

人故无情乎
人而无情　何以谓之人
道与之貌　天与之形
恶得不谓之人
吾所谓　无情者
言人不以好恶内伤其身
常因自然而不益生
不益生
无以好恶内伤其身

（改编自柳重言作曲，林夕作词，王菲演唱《红豆》）

参考书目

（一）古籍释义

（晋）郭象注，（唐）成玄英疏：《庄子注疏》，北京：中华书局，2012 年。

（明）憨山：《庄子内篇注》，武汉：崇文书局，2017 年。

（清）王夫之：《庄子通 · 庄子解》，台北：里仁书局，1995 年。

（清）郭庆藩：《庄子集释》（全三册），北京：中华书局，2012 年。

（清）王先谦：《庄子集解》，上海：上海古籍出版社，1995 年。

（清）宣颖：《庄子南华经解》，台北：广文书局，1978 年。

（清）陈寿昌：《南华真经正义》，台北：新天地书局，1972 年。

（二）现代解读

王叔岷：《庄学管窥》，北京：中华书局，2007 年。

王叔岷：《庄子校诠》，北京：中华书局，2007 年。

牟宗三：《中国哲学十九讲》，台北：学生书局，1983 年。

徐复观：《中国人性论史·先秦篇》，北京：九州出版社，2014 年。

唐君毅：《中国哲学原论·原道篇》，北京：中国社会科学出版社，2006 年。

劳思光：《新编中国哲学史》，台北：三民书局，1990 年。

崔大华：《庄学研究》，北京：人民出版社，1992 年。

冯友兰：《中国哲学史新编》，北京：人民出版社，1984 年。

钱穆：《庄子纂笺》，北京：三联书店，2014 年。

王蒙：《庄子的奔腾》，北京：北京联合出版公司，2017 年。

王邦雄：《儒道之间》，台北：汉光文化事业股份有限公司，1985 年。

王邦雄：《走在庄子逍遥的路上》，台北：商务印书馆，2004 年。

王邦雄：《中国哲学论集》，台北：学生书局，2004 年。

王邦雄：《庄子道》，台北：里仁书局，2010 年。

王邦雄：《庄子寓言说解》，台北：远流出版事业股份有限公司，2015 年。

陈鼓应：《庄子今注今译》，北京：商务印书馆，2007 年。

陈鼓应：《老庄新论》，上海：上海古籍出版社，1992 年。

陈鼓应：《庄子浅说》，北京：中华书局，2017 年。

陈少明：《〈齐物论〉及其影响》，北京：北京大学出版社，2004 年。

黄锦鋐：《新译庄子读本》，台北：三民书局，2018 年。

傅佩荣：《傅佩荣解读庄子》，北京：线装书局，2006年。

傅佩荣：《逍遥之乐：傅佩荣谈庄子》，北京：东方出版社，2013年。

刘笑敢：《庄子哲学及其演变》，北京：中国人民大学出版社，2010年。

刘笑敢：《两种自由的追求：庄子与沙特》，台北：正中书局，1994年。

王博：《庄子哲学》，北京：北京大学出版社，2004年。

钟泰：《庄子发微》，上海：上海古籍出版社，1988年。

方勇：《庄子诠评》，成都：巴蜀书社，2007年。

方勇：《庄学史略》，成都：巴蜀书社，2008年。

方勇：《庄子学史》，北京：人民出版社，2008年。

吴汝钧：《老庄哲学的现代析论》，台北：文津出版社，1999年。

颜昆阳：《庄子艺术精神析论》，台北：华正书局，2005年。

颜昆阳：《庄子的寓言世界》，台北：汉艺色研文化事业有限公司，2005年。

颜翔林：《庄子怀疑论美学》，北京：人民出版社，2015年。

高柏园：《庄子内七篇思想研究》，台北：文津出版社，2000年。

张远山：《庄子复原本注译》，南京：江苏文艺出版社，2010年。

张远山：《庄子传》，南京：江苏文艺出版社，2013年。

张默生：《庄子新释》，济南：齐鲁书社，1993年。

张松辉：《庄子疑义考辨》，北京：中华书局，2007年。

崔大华：《庄学研究》，北京：人民出版社，1992年。

杨国荣：《庄子的思想世界》，北京：三联书店，2017年。

刘文典：《庄子补正》，合肥：安徽大学出版社，1999年。

叶海烟：《老庄哲学新论》，台北：文津出版社，1997年。

苏新鋈：《郭象庄学平议》，台北：学生书局，1980年。

沈善增：《还吾庄子》，上海：学林出版社，2001年。

王溢嘉：《庄子陪你走红尘》，北京：新星出版社，2012年。

杜保瑞：《庄周梦蝶——庄子哲学》，台北：五南图书出版社，2015年。

止庵：《樗下读庄》，济南：山东画报出版社，2016年。

谭宇权：《庄子哲学评论》，台北：文津出版社，1998年。

附录

本书相关原文

逍遥游

北冥有鱼，其名为鲲。鲲之大，不知其几千里也。化而为鸟，其名为鹏。鹏之背，不知其几千里也。怒而飞，其翼若垂天之云。是鸟也，海运则将徙于南冥。南冥者，天池也。

《齐谐》者，志怪者也。《谐》之言曰："鹏之徙于南冥也，水击三千里，抟扶摇而上者九万里，去以六月息者也。"野马也，尘埃也，生物之以息相吹也。天之苍苍，其正色邪？其远而无所至极邪？其视下也，亦若是则已矣。

且夫水之积也不厚，则其负大舟也无力。覆杯水于坳堂之上，则芥为之舟。置杯焉则胶，水浅而舟大也。风之积也不厚，则其负大翼也无力。故九万里则风斯在下矣，而后乃今培风；背负青天而莫之夭阏者，而后乃今将图南。

蜩与学鸠笑之曰："我决起而飞，抢榆枋而止，时则不至，而控于地而已矣，奚以之九万里而南为？"适莽苍者，三餐而反，腹犹果然；适百里者，宿舂粮；适千里者，三月聚粮。之二虫又何知！

小知不及大知，小年不及大年。奚以知其然也？朝菌不知晦朔，蟪蛄不知春秋，此小年也。楚之南有冥灵者，以五百岁为春，五百岁为秋；上古有大椿者，以八千岁为春，八千岁为秋，此大年也。而彭祖乃今以久特闻，众人匹之，不亦悲乎！

汤之问棘也是已。汤问棘曰："上下四方有极乎？"棘曰："无极之外，复无极也。穷发之北，有冥海者，天池也。有鱼焉，其广数千里，未有知其修者，其名为鲲。有鸟焉，其名为鹏，背若泰山，翼若垂天之云，抟扶摇羊角而上者九万里，绝云气，负青天，然后图南，且适南冥也。斥鴳笑之曰：'彼且奚适也？我腾跃而上，不过数仞而下，翱翔蓬蒿之间，此亦飞之至也，而彼且奚适也？'"此小大之辩也。

故夫知效一官，行比一乡，德合一君而征一国者，其自视也，亦若此矣。而宋荣子犹然笑之。且举世誉之而不加劝，举世非之而不加沮，定乎内外之分，辩乎荣辱之境，斯已矣。彼其于世，未数数然也。虽然，犹有未树也。

夫列子御风而行，泠然善也，旬有五日而后反。彼于致福者，未数数然也。此虽免乎行，犹有所待者也。若夫乘天地之正，而御六气之辩，以游无穷者，彼且恶乎待哉！故曰：至人无己，神人无功，圣人无名。

尧让天下于许由，曰："日月出矣，而爝火不息，其于光也，不亦难乎！时雨降矣，而犹浸灌，其于泽也，不亦劳乎！夫子立而天下治，而我犹尸之，吾自视缺然。请致天下。"许由曰："子治天下，天下既已治也，而我犹代子，吾将为名乎？名者，实之宾也，吾将为宾乎？鹪鹩巢于深林，不过一枝；偃鼠饮河，不过满腹。归休乎君，予无所用天下为！庖人虽不治庖，尸祝不越樽俎而代之矣。"

肩吾问于连叔曰："吾闻言于接舆，大而无当，往而不返。吾惊怖其言，犹河汉而无极也，大有径庭，不近人情焉。"连叔曰："其言谓何哉？"曰："'藐姑射之山，有神人居焉。肌肤若冰雪，淖约若处子；不食五谷，吸风饮露；乘云气，御飞龙，而游乎四海之外；其神凝，使物不疵疠而年谷熟。'吾以是狂而不信也。"连叔曰："然！瞽者无以与乎文章之观，聋者无以与乎钟鼓之声。

岂唯形骸有聋盲哉？夫知亦有之。是其言也，犹时女也。之人也，之德也，将旁礴万物以为一，世蕲乎乱，孰弊弊焉以天下为事！之人也，物莫之伤，大浸稽天而不溺，大旱金石流、土山焦而不热。是其尘垢秕糠，将犹陶铸尧舜者也，孰肯分分然以物为事！”

宋人资章甫而适诸越，越人断发文身，无所用之。尧治天下之民，平海内之政。往见四子藐姑射之山，汾水之阳，窅然丧其天下焉。

惠子谓庄子曰：“魏王贻我大瓠之种，我树之成而实五石。以盛水浆，其坚不能自举也。剖之以为瓢，则瓠落无所容。非不呺然大也，吾为其无用而掊之。”庄子曰：“夫子固拙于用大矣。宋人有善为不龟手之药者，世世以洴澼絖为事。客闻之，请买其方百金。聚族而谋曰：‘我世世为洴澼絖，不过数金。今一朝而鬻技百金，请与之。’客得之，以说吴王。越有难，吴王使之将。冬与越人水战，大败越人，裂地而封之。能不龟手，一也，或以封，或不免于洴澼絖，则所用之异也。今子有五石之瓠，何不虑以为大樽而浮于江湖，而忧其瓠落无所容？则夫子犹有蓬之心也夫！”

惠子谓庄子曰：“吾有大树，人谓之樗。其大本拥肿而不中绳墨，其小枝卷曲而不中规矩。立之涂，匠者不顾。今子之言大而无用，众所同去也。”庄子曰：“子独不见狸狌乎？卑身而伏，以候敖者；东西跳梁，不辟高下；中于机辟，死于罔罟。今夫斄牛，其大若垂天之云。此能为大矣，而不能执鼠。今子有大树，患其无用，何不树之于无何有之乡，广莫之野，彷徨乎无为其侧，逍遥乎寝卧其下。不夭斤斧，物无害者，无所可用，安所困苦哉！”

齐物论

南郭子綦隐机而坐，仰天而嘘，荅焉似丧其耦。颜成子游立侍乎前，曰：“何居乎？形固可使如槁木，而心固可使如死灰乎？

今之隐机者，非昔之隐机者也？”子綦曰：“偃，不亦善乎，而问之也！今者吾丧我，汝知之乎？汝闻人籁而未闻地籁，汝闻地籁而不闻天籁夫！”

子游曰：“敢问其方。”子綦曰：“夫大块噫气，其名为风。是唯无作，作则万窍怒呺。而独不闻之翏翏乎？山林之畏佳，大木百围之窍穴，似鼻，似口，似耳，似枅，似圈，似臼，似洼者，似污者；激者、謞者、叱者、吸者、叫者、譹者、宎者，咬者。前者唱于而随者唱喁，泠风则小和，飘风则大和，厉风济则众窍为虚。而独不见之调调之刁刁乎？”

子游曰：“地籁则众窍是已，人籁则比竹是已，敢问天籁。”子綦曰：“夫天籁者，吹万不同，而使其自已也。咸其自取，怒者其谁邪？”

大知闲闲，小知间间。大言炎炎，小言詹詹。其寐也魂交，其觉也形开。与接为构，日以心斗。缦者、窖者、密者。小恐惴惴，大恐缦缦。其发若机栝，其司是非之谓也；其留如诅盟，其守胜之谓也；其杀若秋冬，以言其日消也；其溺之所为之，不可使复之也；其厌也如缄，以言其老洫也；近死之心，莫使复阳也。喜怒哀乐，虑叹变幸慹，姚佚启态；乐出虚，蒸成菌。日夜相代乎前，而莫知其所萌。已乎，已乎！旦暮得此，其所由以生乎！

非彼无我，非我无所取。是亦近矣，而不知其所为使。若有真宰，而特不得其眹。可行已信，而不见其形，有情而无形。百骸、九窍、六藏、赅而存焉，吾谁与为亲？汝皆说之乎？其有私焉？如是皆有为臣妾乎？其臣妾不足以相治乎？其递相为君臣乎？其有真君存焉！如求得其情与不得，无益损乎其真。一受其成形，不亡以待尽。与物相刃相靡，其行尽如驰而莫之能止，不亦悲乎！终身役役而不见其成功，苶然疲役而不知其所归，可不哀邪！人谓之不死，奚益！其形化，其心与之然，可不谓大哀乎？人之生也，固若是芒乎？其我独芒，而人亦有不芒者乎？

夫随其成心而师之，谁独且无师乎？奚必知代而自取者有之？愚者与有焉！未成乎心而有是非，是今日适越而昔至也。是以无有为有。无有为有，虽有神禹且不能知，吾独且奈何哉！

夫言非吹也，言者有言。其所言者特未定也。果有言邪？其未尝有言邪？其以为异于鷇音，亦有辩乎？其无辩乎？道恶乎隐而有真伪？言恶乎隐而有是非？道恶乎往而不存？言恶乎存而不可？道隐于小成，言隐于荣华。故有儒墨之是非，以是其所非而非其所是。欲是其所非而非其所是，则莫若以明。

物无非彼，物无非是。自彼则不见，自知则知之。故曰：彼出于是，是亦因彼。彼是方生之说也。虽然，方生方死，方死方生；方可方不可，方不可方可；因是因非，因非因是。是以圣人不由，而照之于天，亦因是也。是亦彼也，彼亦是也。彼亦一是非，此亦一是非，果且有彼是乎哉？果且无彼是乎哉？彼是莫得其偶，谓之道枢。枢始得其环中，以应无穷。是亦一无穷，非亦一无穷也。故曰：莫若以明。以指喻指之非指，不若以非指喻指之非指也；以马喻马之非马，不若以非马喻马之非马也。天地一指也，万物一马也。

道行之而成，物谓之而然。有自也而可，有自也而不可；有自也而然，有自也而不然。恶乎然？然于然。恶乎不然？不然于不然。恶乎可？可于可。恶乎不可？不可于不可。物固有所然，物固有所可。无物不然，无物不可。故为是举莛与楹，厉与西施，恢诡谲怪，道通为一。

其分也，成也；其成也，毁也。凡物无成与毁，复通为一。唯达者知通为一，为是不用，而寓诸庸。庸也者，用也；用也者，通也；通也者，得也。适得而几矣。因是已，已而不知其然，谓之道。

劳神明为一而不知其同也，谓之“朝三”。何谓“朝三”？狙公赋芧，曰：“朝三而暮四。”众狙皆怒。曰：“然则朝四而暮三。”众狙皆悦。名实未亏而喜怒为用，亦因是也。是以圣人和之以是非而休乎天钧，是之谓两行。

古之人，其知有所至矣。恶乎至？有以为未始有物者，至矣，尽矣，不可以加矣。其次以为有物矣，而未始有封也。其次以为有封焉，而未始有是非也。是非之彰也，道之所以亏也。道之所以亏，爱之所以成。果且有成与亏乎哉？果且无成与亏乎哉？有成与亏，故昭氏之鼓琴也；无成与亏，故昭氏之不鼓琴也。昭文之鼓琴也，师旷之枝策也，惠子之据梧也，三子之知，几乎皆其盛者也，故载之末年。唯其好之也，以异于彼，其好之也，欲以明之。彼非所明而明之，故以坚白之昧终。而其子又以文之纶终，终身无成。若是而可谓成乎，虽我亦成也；若是而不可谓成乎？物与我无成也。是故滑疑之耀，圣人之所图也。为是不用而寓诸庸，此之谓以明。

今且有言于此，不知其与是类乎？其与是不类乎？类与不类，相与为类，则与彼无以异矣。虽然，请尝言之：有始也者，有未始有始也者，有未始有夫未始有始也者；有有也者，有无也者，有未始有无也者，有未始有夫未始有无也者。俄而有无矣，而未知有无之果孰有孰无也。今我则已有谓矣，而未知吾所谓之其果有谓乎？其果无谓乎？

夫天下莫大于秋豪之末，而大山为小；莫寿乎殇子，而彭祖为夭。天地与我并生，而万物与我为一。既已为一矣，且得有言乎？既已谓之一矣，且得无言乎？一与言为二，二与一为三。自此以往，巧历不能得，而况其凡乎！故自无适有，以至于三，而况自有适有乎！无适焉，因是已！

夫道未始有封，言未始有常，为是而有畛也。请言其畛：有左，有右，有伦，有义，有分，有辩，有竞，有争，此之谓八德。六合之外，圣人存而不论；六合之内，圣人论而不议；春秋经世先王之志，圣人议而不辩。故分也者，有不分也；辩也者，有不辩也。曰："何也？""圣人怀之，众人辩之以相示也。故曰：辩也者，有不见也。"夫大道不称，大辩不言，大仁不仁，大廉不嗛，大勇不忮。道昭而不道，言辩而不及，仁常而不周，廉清而不信，勇忮而不成。五者圆而几向方矣！故知止其所不知，至矣。孰知不言之辩，不道之道？若有能知，此之谓天府。注焉而不满，酌焉而不竭，而不知其所由来，此之谓葆光。

故昔者尧问于舜曰："我欲伐宗、脍、胥敖，南面而不释然。其故何也？"舜曰："夫三子者，犹存乎蓬艾之间。若不释然何哉！昔者十日并出，万物皆照，而况德之进乎日者乎！"

啮缺问乎王倪曰："子知物之所同是乎？"曰："吾恶乎知之！""子知子之所不知邪？"曰："吾恶乎知之！""然则物无知邪？"曰："吾恶乎知之！虽然，尝试言之：庸讵知吾所谓知之非不知邪？庸讵知吾所谓不知之非知邪？且吾尝试问乎女：民湿寝则腰疾偏死，鳅然乎哉？木处则惴栗恂惧，猨猴然乎哉？三者孰知正处？民食刍豢，麋鹿食荐，蝍蛆甘带，鸱鸦耆鼠，四者孰知正味？猨猵狙以为雌，麋与鹿交，鳅与鱼游。毛嫱、丽姬，人之所美也；鱼见之深入，鸟见之高飞，麋鹿见之决骤，四者孰知天下之正色哉？自我观之，仁义之端，是非之涂，樊然淆乱，吾恶能知其辩！"啮缺曰："子不知利害，则至人固不知利害乎？"王倪曰："至人神矣！大泽焚而不能热，河汉冱而不能寒，疾雷破山而不能伤，飘风振海而不能惊。若然者，乘云气，骑日月，而游乎四海之外，死生无变于己，而况利害之端乎！"

瞿鹊子问乎长梧子曰："吾闻诸夫子：'圣人不从事于务，

不就利，不违害，不喜求，不缘道，无谓有谓，有谓无谓，而游乎尘垢之外。’夫子以为孟浪之言，而我以为妙道之行也。吾子以为奚若？”

长梧子曰：“是皇帝之所听荧也，而丘也何足以知之！且女亦大早计，见卵而求时夜，见弹而求鸮炙。予尝为女妄言之，女以妄听之，奚？旁日月，挟宇宙，为其脗合，置其滑涽，以隶相尊？众人役役，圣人愚芚，参万岁而一成纯。万物尽然，而以是相蕴。予恶乎知说生之非惑邪！予恶乎知恶死之非弱丧而不知归者邪！丽之姬，艾封人之子也。晋国之始得之也，涕泣沾襟。及其至于王所，与王同筐床，食刍豢，而后悔其泣也。予恶乎知夫死者不悔其始之蕲生乎？梦饮酒者，旦而哭泣；梦哭泣者，旦而田猎。方其梦也，不知其梦也。梦之中又占其梦焉，觉而后知其梦也。且有大觉而后知此其大梦也，而愚者自以为觉，窃窃然知之。“君乎，牧乎，固哉！丘也与女皆梦也，予谓女梦亦梦也。是其言也，其名为吊诡。万世之后而一遇大圣知其解者，是旦暮遇之也。”

既使我与若辩矣，若胜我，我不若胜，若果是也？我果非也邪？我胜若，若不吾胜，我果是也？而果非也邪？其或是也？其或非也邪？其俱是也？其俱非也邪？我与若不能相知也。则人固受其黮暗，吾谁使正之？使同乎若者正之，既与若同矣，恶能正之？使同乎我者正之，既同乎我矣，恶能正之？使异乎我与若者正之，既异乎我与若矣，恶能正之？使同乎我与若者正之，既同乎我与若矣，恶能正之？然则我与若与人俱不能相知也，而待彼也邪？”

化声之相待，若其不相待，和之以天倪，因之以曼衍，所以穷年也。“何谓和之以天倪？”曰：“是不是，然不然。是若果是也，则是之异乎不是也亦无辩；然若果然也，则然之异乎不然也亦无辩。忘年忘义，振于无竟，故寓诸无竟。”

罔两问景曰："曩子行，今子止；曩子坐，今子起。何其无特操与？"景曰："吾有待而然者邪？吾所待又有待而然者邪？吾待蛇蚹蜩翼邪？恶识所以然？恶识所以不然？"

昔者庄周梦为蝴蝶，栩栩然蝴蝶也。自喻适志与！不知周也。俄然觉，则蘧蘧然周也。不知周之梦为蝴蝶与？蝴蝶之梦为周与？周与蝴蝶则必有分矣。此之谓物化。

秋水（节选）

公孙龙问于魏牟曰："龙少学先王之道，长而明仁义之行；合同异，离坚白；然不然，可不可；困百家之知，穷众口之辩，吾自以为至达已。今吾闻庄子之言，茫然异之。不知论之不及与？知之弗若与？今吾无所开吾喙，敢问其方。"公子牟隐机大息，仰天而笑曰："子独不闻夫埳井之蛙乎？谓东海之鳖曰：'吾乐与！出跳梁乎井干之上，入休乎缺甃之崖。赴水则接腋持颐，蹶泥则没足灭跗。还虷蟹与科斗，莫吾能若也。且夫擅一壑之水，而跨跱埳井之乐，此亦至矣。夫子奚不时来入观乎？'东海之鳖左足未入，而右膝已絷矣。于是逡巡而却，告之海曰：'夫千里之远，不足以举其大；千仞之高，不足以极其深。禹之时，十年九潦，而水弗为加益；汤之时，八年七旱，而崖不为加损。夫不为顷久推移，不以多少进退者，此亦东海之大乐也。'于是埳井之蛙闻之，适适然惊，规规然自失也。

且夫知不知是非之竟，而犹欲观于庄子之言，是犹使蚊负山，商蚷驰河也，必不胜任矣。且夫知不知论极妙之言，而自适一时之利者，是非埳井之蛙与？且彼方跐黄泉而登大皇，无南无北，奭然四解，沦于不测；无东无西，始于玄冥，反于大通。子乃规规然而求之以察，索之以辩，是直用管窥天，用锥指地也，不亦小乎？子往矣！

且子独不闻夫寿陵余子之学于邯郸与？未得国能，又失其故行矣，直匍匐而归耳。今子不去，将忘子之故，失子之业。”公孙龙口呿而不合，舌举而不下，乃逸而走。

则阳（节选）

魏莹与田侯牟约，田侯牟背之，魏莹怒，将使人刺之。犀首公孙衍闻而耻之，曰：“君为万乘之君也，而以匹夫从仇。衍请受甲二十万，为君攻之，虏其人民，系其牛马，使其君内热发于背，然后拔其国。忌也出走，然后抶其背，折其脊。”季子闻而耻之，曰：“筑十仞之城，城者既十仞矣，则又坏之，此胥靡之所苦也。今兵不起七年矣，此王之基也。衍乱人，不可听也。”华子闻而丑之，曰：“善言伐齐者，乱人也；善言勿伐者，亦乱人也；谓伐之与不伐乱人也者，又乱人也。”君曰：“然则若何？”曰：“君求其道而已矣。”

惠子闻之，而见戴晋人。戴晋人曰：“有所谓蜗者，君知之乎？”曰：“然。”“有国于蜗之左角者，曰触氏；有国于蜗之右角者，曰蛮氏。时相与争地而战，伏尸数万，逐北旬有五日而后反。”君曰：“噫！其虚言与？”曰：“臣请为君实之。君以意在四方上下有穷乎？”君曰：“无穷。”曰：“知游心于无穷，而反在通达之国，若存若亡乎？”君曰：“然。”曰：“通达之中有魏，于魏中有梁，于梁中有王，王与蛮氏有辩乎？”君曰：“无辩。”客出而君惝然若有亡也。

客出，惠子见。君曰：“客，大人也，圣人不足以当之。”惠子曰：“夫吹筦也，犹有嗃也；吹剑首者，吷而已矣。尧、舜，人之所誉也。道尧、舜于戴晋人之前，譬犹一吷也。”

知北游（节选）

东郭子问于庄子曰:“所谓道，恶乎在？”庄子曰:“无所不在。”东郭子曰:“期而后可。”庄子曰:“在蝼蚁。”曰:“何其下邪？”曰:“在稊稗。”曰：“何其愈下邪？”曰：“在瓦甓。”曰：“何其愈甚邪？”曰：“在屎溺。”东郭子不应。庄子曰：“夫子之问也，固不及质。正获之问于监市履狶也，每下愈况。汝唯莫必，无乎逃物。至道若是，大言亦然。周遍咸三者，异名同实，其指一也 。尝相与游乎无有之宫，同合而论，无所终穷乎！尝相与无为乎！澹而静乎！漠而清乎！调而闲乎！寥已吾志，无往焉而不知其所至，去而来而不知其所止。吾已往来焉而不知其所终，彷徨乎冯闳，大知入焉而不知其所穷。物物者与物无际，而物有际者，所谓物际者也。不际之际，际之不际者也。谓盈虚衰杀，彼为盈虚非盈虚，彼为衰杀非衰杀，彼为本末非本末，彼为积散非积散也。”

大宗师（节选）

死生，命也；其有夜旦之常，天也。人之有所不得与，皆物之情也。彼特以天为父，而身犹爱之，而况其卓乎！人特以有君为愈乎己，而身犹死之，而况其真乎！泉涸，鱼相与处于陆，相呴以湿，相濡以沫，不如相忘于江湖。与其誉尧而非桀也，不如两忘而化其道。

夫大块载我以形，劳我以生，佚我以老，息我以死。故善吾生者，乃所以善吾死也。夫藏舟于壑，藏山于泽，谓之固矣！然而夜半有力者负之而走，昧者不知也。藏小大有宜，犹有所遁。若夫藏天下于天下而不得所遯，是恒物之大情也。特犯人之形而犹喜之。若人之形者，万化而未始有极也，其为乐可胜计邪？故圣人将游于物之所不得遁而皆存。善夭善老，善始善终，人犹效之，又况万物之所系而一化之所待乎！

后记

人须有光，阅读就是光；心灵有光，生命处处光。

这是一本人人皆能读懂的庄子书，是提升能量勇于突破困顿的经典好书。坚持阅读经典，一切智慧与庄子同醒，便能让人在生活的巨大压力之下，仍能保持宠辱不惊的淡定与优雅。

回忆两年前，虽然教授各个年龄层的孩子，于我而言，却是驾轻就熟，日复一日重复在没有挑战、毫无成就感而言的工作环境里麻木着、颓靡着。外子及知己好友得知我的无助，于2017 年暑假期间，便积极地鼓励我朝着国学音频、在线经典国学视频、初高中作文课程视频录制及写作出书目标挺进。亲朋好友的支持与肯定，给予我莫大的温暖和信心。

2017 年年底完成了《当下论语》的在线视频及有关《孟子》的初稿。稍作喘息后，2018 年年初便开始酝酿有关《庄子》《孟子》的书稿及音频。想想人生还真是没有用不到的经验，多年语文教师及班主任的经验，让我更能运用同理心并设身处地地，书写出这样一部书，能让一般读者皆能轻松舒服地将一本经典在故事的导引下，进入经典原文，深入浅出地理解精神主旨，并加以反思讨论，更在唱和呼应之别出心裁的当下感知中，将整部经典活活泼泼、活脱脱地带着走。

如人饮水，冷暖自知。这条难为外人道的漫漫写作长路，一路走来特别孤寂艰辛。感谢外子总能发现我的特质，看好我的能力，一路理性协助打气，并全力相挺那个感性、不食烟火的我，让我一直能够保有傻里傻气的天真浪漫，任性地驰骋在想象创作的国度里，做着自己爱做的所有事情。

感谢我的挚友们。任何时候，只要收到我情绪低迷、脆弱不安的信号，你们总是温馨倾听，耐心纾解，更甚是当头棒喝，满满打气能量总是源源不断地朝我涌入，从不间竭。

感谢现在任教的工作环境。当下的人事物，是我到大陆两年来最为舒服的时刻了。

感谢生命出现庄周先生。人生有什么意义？人生的意义就在于你可以不断地扣问人生有什么意义。对于“人为何而活？”“人应该如何生活？”“人究竟如何才能活出知行合一的生命价值？”向内探索自己，向外探求世界，潜移默化地涵泳，哲学思辨地把握，俾使一切的一切终将回到人的原点，来作为自我的最佳诠释理解。

感谢我的博士生导师袁保新老师以及一直鼓励我的姜广辉老师。因为你们，让学生笔耕在国学的净土上，更具自信。

珍惜历程存在，活在当下风景。亦深信着德不孤，必有邻。如此的纸短情长，亦是刚刚好。因为，遇《庄》最美好。

罗惠龄 2019 年 9 月 6 日于湖州人和家园